Cultiver son potager avec la lune

mars 2021
février 2022

Artémis Éditions

Crédits photos :
Fotolia.com : p. 4, 33 (Szymanski), p. 5 (Figurnyi), p. 7 (Beckle), p. 9, 10-11, 51 (Patrimonio designs), p. 15 (Goofeephoto), p. 16 (Leiftryn), p. 17 g (Barone), p. 17 d (Calcagno), p. 18 g et d (Lassire), p. 18 m (Szasz-Fabian), p. 19 (Massé), p. 21 (Jkar866), p. 24 (Hayward), p. 48-49 (Neung Stock).
Shutterstock.com : p. 25 (NinaM), p. 26 (Kropotov), p. 27 (EM Arts), p. 28 (Kenishirotie), p. 29 (Oriori), p. 30 (Monticello), p. 32 (Angorius), p. 33 (Foodonwhite), p. 34, 41 (Nito), p. 35 (Narodenko), p. 36 (Nattika), p. 37 (Telesh), p. 38 (Anch), p. 39 (PhotoEd), p. 40 (Picturepartners), p. 43 (Africa Studio), p. 45 (Nattika), p. 46 (Scott), p. 47 (Elovich).
Dessins de **Francis Rossignol.**

Ouvrage collectif réalisé par Losange
avec la collaboration de Alice Delvaille, Isabelle Charleuf-Calmets

www.editions-artemis.com

ISBN : 978-2-8160-1793-9
Dépôt légal : janvier 2021

Achevé d'imprimer : décembre 2020
Imprimé en Chine par Toppan Leefung

Sommaire

Comprendre les cycles lunaires

L'observation de la lune

On oublie aujourd'hui que, pendant des siècles, les hommes n'avaient ni heure ni calendrier à leur disposition, et qu'ils réglaient leurs activités sur le soleil. Les travaux agricoles étaient décidés en fonction des observations de la faune et de la flore, des vents, du tonnerre : c'est ainsi que de nombreux dictons ont pour objet des prévisions météorologiques, afin d'orienter les pratiques agricoles.

Pensons encore que les premiers calendriers n'ont commencé à se diffuser – dans les milieux favorisés et lettrés – que dans le courant du XVIe siècle. Il a ensuite fallu attendre deux siècles encore pour qu'ils se répandent dans les campagnes. Ces almanachs faisaient la part belle à des prévisions météorologiques et à tout ce qu'il fallait faire ou ne pas faire au fil des mois, en fonction de considérations zodiacales et astrologiques.

Les gens de la terre étant analphabètes, de nombreux conseils ont pris la forme de proverbes et de ritournelles : « En nouvelle lune, tout graine, tout fleurit ; en vieille lune, tout fournit. » On se repérait aussi beaucoup aux fêtes des saints, celles-ci étant précisées chaque dimanche par le curé de la paroisse. Jardiniers et agriculteurs se sont ainsi fondés sur certaines dates fixes pour organiser leurs travaux. Là encore, les dictons faisant référence à des saints sont innombrables. Il y a par exemple les fameux « saints de glace », saint Mamert, saint Pancrace et saint Servais (les 11, 12 et 13 mai), qui indiquent les risques encourus par les cultures pendant cette période, où un ciel bien dégagé peut entraîner des gelées nocturnes. On sait aussi que « s'il pleut à la Saint-Médard (le 8 juin), il pleut quarante jours plus tard », à moins que « la Saint-Barnabé (le 11 juin) ne lui coupe le pied ». Il faut semer la salade de printemps à la Sainte-Agathe (5 février), le persil le jour de mardi gras, les haricots à la Sainte-Croix (3 mai) ou aux rogations. Presque tous les saints sont ainsi convoqués pour donner des indications à venir sur les conditions météorologiques et les récoltes.

Quel rôle joue la lune ?

Le rôle de la lune dans la vie quotidienne et les travaux agricoles est antique. « Quand la lune croît, les coquil-

Les horloges zodiacales ancestrales indiquent notamment quels travaux effectuer en fonction de la position de la lune. Ici l'horloge astronomique de Prague, qui a plus de 600 ans (construite en 1410 par Nicolas de Kadau).

lages grossissent, le sang aussi, même celui de l'homme, augmente et diminue avec sa lumière, jusqu'au feuillage et aux pâturages qui sont sensibles à ses effets », a écrit Pline l'Ancien, au début de notre ère. Pendant toute l'Antiquité, la théorie dominante exposait que les éléments du macrocosme et du microcosme étaient en correspondance, correspondance longuement étudiée par l'astrologie, une science très importante jusqu'au XVIIe siècle, où la théorie de la sympathie universelle a été abandonnée au profit de l'explication du phénomène des marées par Newton.

Aujourd'hui, le rôle de la lune se fonde donc sur son influence gravitationnelle, qui provoque notamment le phénomène des marées. Du fait que les végétaux sont composés d'environ 90 % d'eau et que le sol est, de même, riche en eau, la gravitation lunaire pourrait avoir une influence et provoquer une sorte de « marée biologique ». Remarquons que Pline évoquait déjà l'influence de la lumière lunaire, bien que la lune, astre mort, ne fasse que refléter la lumière du soleil.

Toutefois, lorsque les cultures reposent sur des apports d'engrais réguliers et sur de nombreux traitements préventifs ou curatifs, cette possible influence devient tout à fait négligeable. Mais dans le cas où le jardinier biologique n'enrichit son sol que de compost et réduit au minimum tout traitement, il se tourne vers la lune pour mettre le plus de chances possible de son côté.

La lune en dictons

- *Lune pâle, c'est la pluie.*
- *Lune rouge, du vent.*
- *Quand la lune se fait chaude dans le premier quartier, elle met des champignons plein le panier.*
- *Cornes de la lune en haut, beau temps. Cornes de la lune en bas, mauvais temps.*
- *Cornes pâles, pluie. Cornes nettes, beau temps.*
- *Quand la lune vient dans l'eau, au bout de trois jours il fait beau.*
- *Lune rousse en se levant annonce le vent.*
- *Lune brillante et blanche, plusieurs jours de beau temps.*
- *Lune brouillée, pluie assurée.*
- *L'hiver n'est point passé que la lune n'ait décliné.*
- *Si la lune de Saint-Louis ne fait en beau, sois réjoui.*
- *Lune d'argent fait le temps clair.*
- *Noël sans lune, de deux vaches on en mange une.*
- *Lune nouvelle en beau temps, pluie avant sept jours.*
- *Lune neuve en méchant temps, soleil dans trois jours.*
- *Ne sème pas en croissant, il faucillerait avant toi.*

Deux cycles à observer

La lune a deux cycles principaux. L'un est facilement observable : c'est le cycle des phases de la lune, ou cycle synodique (nouvelle lune, lune croissante, pleine lune, lune décroissante ou « en décours »), que tous les calendriers mentionnent. C'est sur ce cycle que s'appuient les traditions de l'influence de la lune sur les plantes, associée ou non aux signes du zodiaque.

Le second cycle de la lune ne peut être que très partiellement observé : il s'agit de la place de l'astre dans le ciel (plus ou moins haute ou basse sur l'horizon). En prenant un point de repère fixe, par exemple un clocher ou un arbre isolé, et en regardant la place de la lune à la même heure, soir après soir, on peut savoir si elle « monte » ou si elle « descend ». Ce second cycle, dit périodique, fondé sur la trajectoire apparente de la lune dans le ciel, fait aussi appel à des données astronomiques par rapport à la trajectoire du soleil et aux constellations. Il faut donc avoir à disposition un calendrier spécifique, qui donne la position de la lune. Le rôle de ce cycle lunaire sur les plantes a notamment été mis en avant par le mouvement anthroposophique, né dans les années 1920, à partir de l'enseignement du philosophe et pédagogue autrichien Rudolf Steiner.

Beaucoup de jardiniers ne se fient qu'au cycle observable. D'autres, en particulier ceux qui s'inspirent du jardinage biodynamique, suivent les prescriptions données par ces calendriers spécialisés.

Lune et météo

L'observation de la lune sert traditionnellement à prévoir le temps. La lune entourée d'un anneau rougeâtre annonce un vent fort ; si les taches de la lune sont très visibles, cela laisse espérer du beau temps ; la lune prise dans un halo indique de la pluie à venir. De nombreux dictons relient d'ailleurs l'aspect de la lune et les prévisions météorologiques.

On notait aussi le temps qu'il fait pendant la pleine lune ou la nouvelle lune pour prédire la météo à venir. Par exemple, du vent pendant les six jours qui suivent une nouvelle lune ou une pleine lune indique un ciel perturbé jusqu'à la nouvelle phase de la lune. Si, dans les quatre premiers jours, le temps est instable mais se rétablit ensuite, le temps sera beau dans les huit jours à venir. En revanche, si les quatre premiers jours sont beaux puis que le ciel se dégrade après, le temps sera instable dans la semaine qui suit.

Très souvent, la météo durant les « changements de lune », nouvelle lune ou pleine lune est encore régulièrement observée pour prédire le temps à venir sur une période plus ou moins longue, notamment pour les changements de lune aux alentours des équinoxes et des solstices, soit aux changements de saisons. Lune et soleil sont souvent associés, témoignant que, pendant des millénaires, ces deux astres ont réglé la vie quotidienne des hommes.

La lune en couleurs

• ***La lune rousse :*** *elle commence à la nouvelle lune qui suit Pâques et finit à la nouvelle lune suivante. Pour l'année 2021, elle se situera entre le 12 avril et le 11 mai.*
• ***La lune bleue :*** *généralement, dans un mois, il n'y a qu'une seule pleine lune, mais exceptionnellement, il peut y en avoir deux. La seconde est alors appelée lune bleue.*
• ***La lune noire :*** *la lune est qualifiée de noire en trois circonstances :*
– *En l'absence de nouvelle lune dans un mois.*
– *Lorsqu'il y a deux nouvelles lunes dans un mois.*
– *En l'absence de pleine lune dans un mois.*
• ***La lune cendrée :*** *on qualifie la lune de cendrée quelques jours avant ou après la nouvelle lune, car le croissant lunaire semble flou, comme dans un brouillard.*

La lune rousse

L'expression « lune rousse » qualifie la première lunaison après Pâques – la fête de Pâques étant variable chaque année, cette lune rousse peut intervenir entre le 5 avril et le 6 mai. Elle est dite « rousse » parce qu'elle « roussit » les nouvelles pousses, et non à cause d'une coloration rougeâtre. En fait, quand la lune brille dans un ciel bien dégagé au début du printemps, cela signale une nuit fraîche – le sol n'est pas encore bien réchauffé et les jours pas encore assez longs pour le réchauffer durablement –, et donc des gelées blanches qui endommagent les jeunes plantes. La lune n'est pas en cause, elle n'est qu'un signe.

le cycle visible
lune croissante ou décroissante

Comprendre le cyle synodique

Satellite naturel de la Terre, la Lune n'émet aucune lumière qu'elle produirait elle-même. Nous ne la voyons que grâce à la lumière reflétée par le soleil. Tous les mois, elle tourne autour de la Terre, en accomplissant un cycle de phases lunaires qui vont d'une nouvelle lune à une autre, une période baptisée le mois synodique (du grec *sun*, qui signifie « ensemble, avec », et du grec *hodos*, qui signifie « un chemin »). Vue de la perspective du soleil, une orbite complète dure exactement 29 jours, 12 heures et 44 minutes.

Soir après soir, la lune change d'aspect : c'est sa manifestation la plus évidente. Parfois, elle est fine et légère, d'autres fois, elle est ronde, complètement illuminée par le soleil. Les phases lunaires sont le résultat d'un jeu de positions entre la Terre, la Lune et le Soleil, et du mouvement constant de notre satellite autour de nous.

En effet, la Lune est invisible lorsqu'elle se situe entre le Soleil et la Terre : c'est le moment de la nouvelle lune, on ne perçoit qu'une ombre noire. Si, à l'inverse, elle se trouve du côté opposé au Soleil, elle renvoie alors sa lumière sur l'hémisphère nocturne de la Terre : c'est la pleine lune. Si l'angle entre les trois corps célestes est de 90°, on observe depuis la Terre seulement la moitié du disque lunaire éclairé, soit le premier ou le dernier quart de lune. Dans les phases intermédiaires, on voit un dessin plus ou moins fin de la lune. Parfois, on parle de lune « gibbeuse », ou « bossue », pour désigner une lune éclairée de plus de moitié.

Le cycle lunaire se compte à partir de la phase de la nouvelle lune. Dans les jours qui suivent, elle est dite « croissante » ; au bout de deux semaines, elle est pleine, puis entame sa phase décroissante. On parle alors de lune vieille. On évoque l'âge de la lune pour expliquer ce parcours. Il est possible de remarquer que ce déplacement visible de la Lune, dû à son mouvement

Les phases de la lune

C'est le rayonnement du Soleil qui illumine la face de la Lune visible depuis la Terre.

Suivant l'alignement des trois astres (Soleil-Lune-Terre), la lune est plus ou moins éclairée.

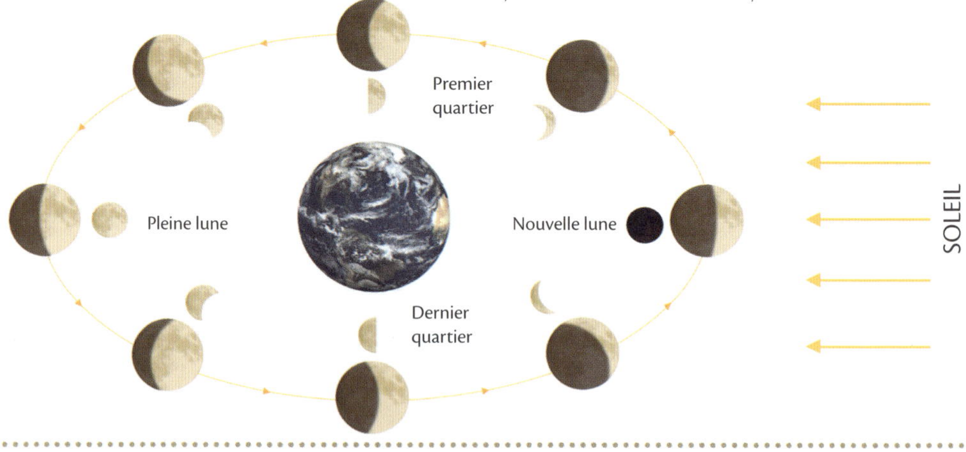

autour de la Terre, se fait en sens inverse des aiguilles d'une montre, soit d'ouest en est. La Lune, observée à la même heure, jour après jour, paraît se déplacer vers l'orient, dans le ciel étoilé qui sert de repère. Elle se lève et se couche avec un décalage en moyenne de 50 minutes chaque jour.

Il n'existe pas de travaux scientifiques qui précisent le rôle du cycle synodique, c'est cependant ce cycle qui sert le plus souvent à orienter les pratiques du jardinier.

Chez les jardiniers biodynamiques, dont les premiers travaux remontent à l'entre-deux-guerres, la nouvelle lune correspond à la germination, le premier quartier au développement, la pleine lune à l'aboutissement, le dernier quartier à la maturité, le dernier croissant à l'introspection.

La lune menteuse

Quand le croissant dessine un « C », la lune décroît. Elle est en phase de croissance quand ce quartier est inversé. Autrement dit, quand le croissant de lune est en « C », elle n'est pas en Croissance, c'est pourquoi on dit qu'elle est « menteuse ». Un simple truc mnémotechnique ! Qui a cependant des sources très anciennes puisque, dans la Rome antique, on évoquait la luna mendax, *lune trompeuse, pour la même raison.*

Lunes néfastes et lunes bénéfiques

La lune de mars, qui débute à la dernière nouvelle lune du mois, est jugée néfaste, car elle s'accompagne de vents froids et secs. La lune rousse d'avril – dernière nouvelle lune de ce mois – est réputée stérile et interrompt les semis de printemps.

En revanche, la lune d'août – dernière nouvelle lune du mois – sourit aux plantations. C'est aussi à ce moment qu'il faut couper les ronces, les épines et les mauvaises herbes, qui repoussent très affaiblies. Une autre tradition conseille de couper les broussailles durant la période de « l'entre-deux-vierges » (entre le 15 août et le 8 septembre), ce qui est sensiblement dans la même période.

On peut penser, dans ces cas de lunes néfastes ou bénéfiques, que c'est moins l'influence proprement dite de la lune qui a été retenue par la tradition que les périodes délicates de l'année qu'elles représentent. À des époques où les calendriers n'étaient pas très répandus, elles étaient un moyen de se repérer. Ces lunes ont ensuite souvent été remplacées par des dates de saints.

Croissante ou décroissante ?

Pour savoir si la lune est en phase croissante ou décroissante, voici le truc bien connu :
on accole un trait vertical au quartier de lune que l'on voit ; si cela dessine un « p », on est en présence du « premier » quartier, la lune est donc croissante ; s'il s'agit d'un « d », on voit le « dernier » quartier, la lune est décroissante.

Au premier quartier, la Lune a parcouru 1/4 de sa rotation autour de la Terre. Elle est maintenant à 6 heures du Soleil, et se couche vers minuit.

3

4

Pendant la deuxième semaine du cycle lunaire, la Lune est « gibbeuse montante » alors qu'elle se dévoile pour atteindre bientôt le stade de la pleine lune.

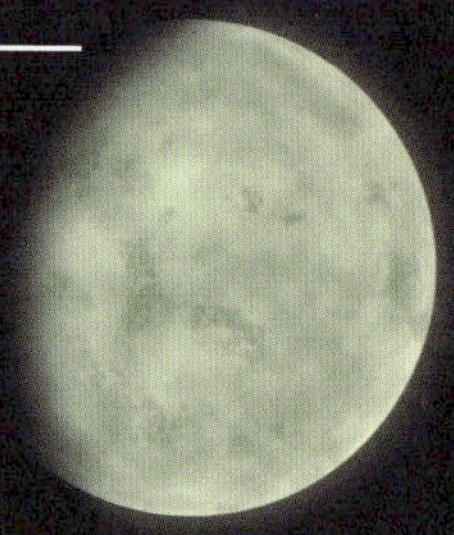

5

Environ 2 semaines après la nouvelle lune, la pleine lune se lève 12 heures après le Soleil. Elle est située à l'opposé exact du Soleil et reste visible toute la nuit.

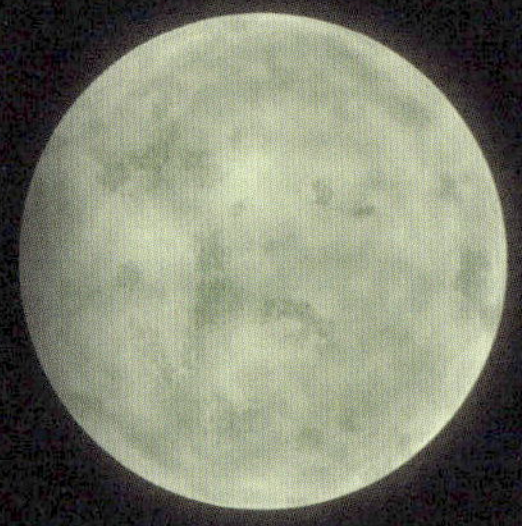

6

La Lune est « gibbeuse descendante » pendant les jours qui suivent la pleine lune. Nous sommes maintenant dans la troisième semaine du cycle lunaire.

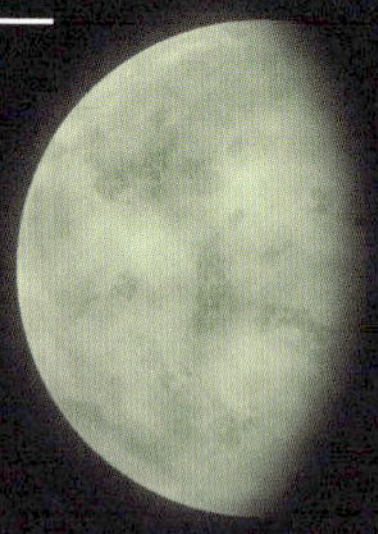

7

Parvenant à la quatrième semaine de son cycle, la Lune est maintenant dans son dernier quartier. Elle se lève dans la seconde moitié de la nuit et est visible dans le ciel du matin.

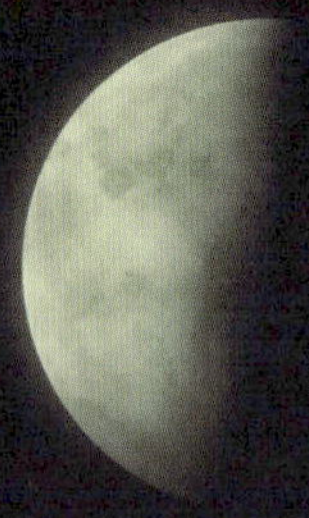

Les phases lunaires

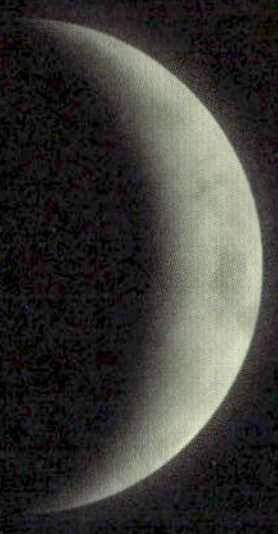

2

Après la nouvelle lune, le croissant grossit pendant une courte période à une vitesse à peu près équivalente à son propre diamètre par heure. Une semaine plus tard, la Lune est à son premier quartier.

1

La nouvelle lune : lorsque le côté de la Lune qui fait face à la Terre est complètement dans l'ombre et invisible pour nous.

8

La dernière phase, le dernier croissant, est suivie par la nouvelle lune.

Travaux à effectuer suivant la lune

Travaux en lune croissante

Pour déterminer ce qu'il faut faire en lune croissante, on peut se servir comme d'un moyen mnémotechnique que celle-ci fait monter la sève dans les plantes et favorise donc leur croissance.

Au potager	➢ D'une manière générale, cette période est favorable aux semis des plantes dont il faut stimuler la croissance, par exemple pour qu'elles fleurissent et se mettent en graines. ➢ Dans les terres pauvres et sèches, il y a souvent intérêt à semer en lune croissante. ➢ C'est aussi le moment où l'on pince les légumes. ➢ Puisqu'il faut favoriser la reprise, c'est à cette période que l'on repique les légumes fruits (tomates, concombres, cornichons, poivrons, aubergines, piments). ➢ La lune croissante est également favorable aux soins et aux traitements de tous les légumes.
Au verger	➢ C'est la meilleure période pour planter les arbres fruitiers, qui reprendront mieux. ➢ Les arbres fruitiers faibles seront aussi taillés à ce moment, puisque l'on n'a pas de risque d'emballement de la végétation aux dépens de la floraison. ➢ Là encore, c'est le moment des traitements pour les arbres.
Au jardin d'ornement	➢ On sèmera les annuelles à fleurs, on repiquera ou on transplantera les plantes vivaces. ➢ Les arbustes sont taillés en lune croissante : ceux à floraison estivale en automne ou en hiver, ceux à floraison printanière après leur floraison.
Récoltes	➢ Pour un profit optimal des éléments nutritifs des légumes, les légumes racines et à bulbe sont récoltés en lune croissante, de même pour les plantes médicinales et aromatiques.

Travaux en nouvelle lune

La nouvelle lune proprement dite n'est pas favorable au jardinage. Seul le greffage, en particulier le greffage en fente, se pratique traditionnellement autour de la nouvelle lune.

Travaux en lune décroissante

On se rappellera qu'une lune en décours va de pair avec le reflux de la sève dans les racines : c'est donc la période favorable pour les légumes-racines, les tailles et le travail du sol.

Au potager	➢ En semant et en replantant en décours, on tend à éviter la montée à graine. C'est le cas des légumes à bulbe, des légumes formant des pommes comme les salades et les choux, mais aussi des poireaux. C'est aussi à ce moment que l'on sème généralement les haricots et les pois. ➢ C'est lors de la lune décroissante que l'on effectue les travaux de la terre. ➢ Dans les sols riches et humides, les terres fortes, les semis et les plantations se font de préférence en décours de lune.
Au verger	➢ La taille de formation ou d'entretien des fruitiers vigoureux se fait en lune décroissante, pour éviter qu'ils ne fassent du bois plutôt que des fruits. Les tailles en vert d'été se font de préférence en décours. ➢ Les greffes en écusson sont effectuées plutôt en lune décroissante.
Au jardin d'ornement	➢ Les haies sont élaguées en décours pour limiter leur développement, à moins qu'il ne s'agisse de jeunes plants dont il faut favoriser la croissance. ➢ Le gazon est tondu de préférence en lune décroissante.
Récoltes	➢ Si possible, on récolte les fruits, les bulbes et les légumes devant se conserver. Le décours était aussi autrefois le moment privilégié des vendanges et des moissons.

Travaux à la pleine lune

On évite tous semis au moment de la pleine lune. Cependant, les semis effectués deux ou trois jours avant la pleine lune sont réputés avoir une germination optimale. En jardinage biodynamique, on conseille de planter les pommes de terre à la peine lune, de même que semer les pois et les haricots.

Le cycle invisible
lune montante ou descendante

Comprendre le cycle périodique

Le temps que met la Lune pour accomplir un tour complet de l'orbite terrestre peut se définir non seulement par le cycle synodique (calculé par rapport au Soleil), mais également par le cycle sidéral, ou périodique (calculé par rapport aux étoiles). Pendant que la Lune tourne autour de la Terre, celle-ci ne reste pas immobile dans l'espace, mais se déplace à son tour autour du Soleil. Calculée par rapport aux étoiles, que nous considérons comme des points de référence, la période de révolution lunaire dure 27 jours, 7 heures et 43 minutes.

Le temps qui s'écoule entre deux phases lunaires (le cycle synodique, de 29 jours, 12 heures et 44 minutes) est un peu plus long car, à chaque révolution de la Lune autour de la Terre, cette dernière progresse sur son orbite autour du Soleil. Au terme du cycle sidéral, on n'observe donc pas encore la nouvelle lune : il faut attendre deux jours supplémentaires pour que la Terre, la Lune et le Soleil soient de nouveau alignés.

On parle de lune montante, ou ascendante, et descendante parce que sa trajectoire, ou écliptique, monte et descend par rapport à la trajectoire du Soleil.

Il n'est pas tout à fait exact de parler d'un cycle invisible, mais il est difficile à discerner au quotidien et n'est pas mentionné dans les calendriers ordinaires.

LUNES CROISSANTE ET DÉCROISSANTE, LUNES MONTANTE ET DESCENDANTE

Lunes montante et descendante et lunes croissante et décroissante sont deux cycles bien distincts, qui n'ont pas la même durée et ne sont pas coordonnés. La lune peut à la fois monter et décroître et inversement.
Il n'y a pas de lien entre la forme lumineuse de la lune et son mouvement dans le ciel.

Cycle invisible

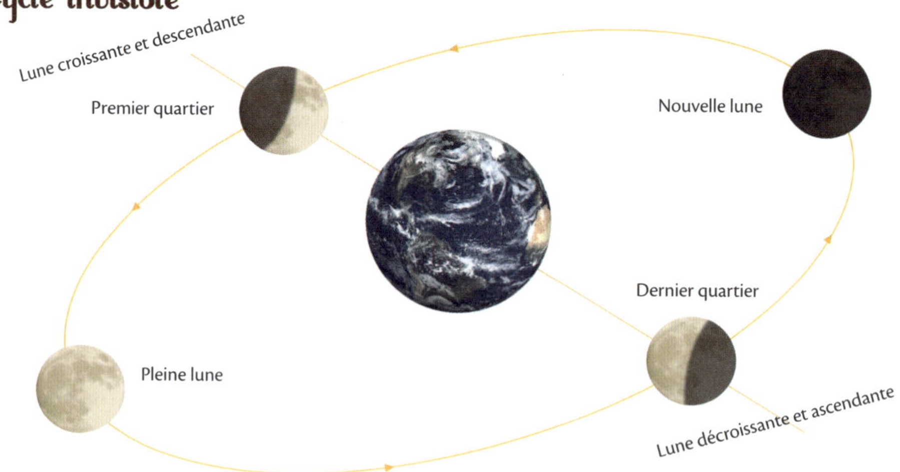

Nœuds lunaires

Les nœuds lunaires sont les périodes pendant lesquelles la Lune coupe le plan de rotation de la Terre (l'écliptique) autour du Soleil. Ce phénomène, qui ne dure que quelques heures, s'observe deux fois par mois.

On parle de nœud lunaire descendant lorsque la Lune descendante coupe le plan de rotation de la Terre autour du Soleil. Lorsque la Lune ascendante coupe une nouvelle fois l'écliptique, on parle de nœud ascendant.

Ces périodes sont réputées perturber la végétation et inhiber la germination. Mieux vaut alors ne pas semer ou travailler au jardin cinq heures avant et après ces « nœuds », qui se produisent à des heures très précises.

Nœuds lunaires

Les passages des nœuds lunaires sont des moments où il faut éviter de jardiner pendant quelques heures. Cela se produit généralement deux fois par mois.

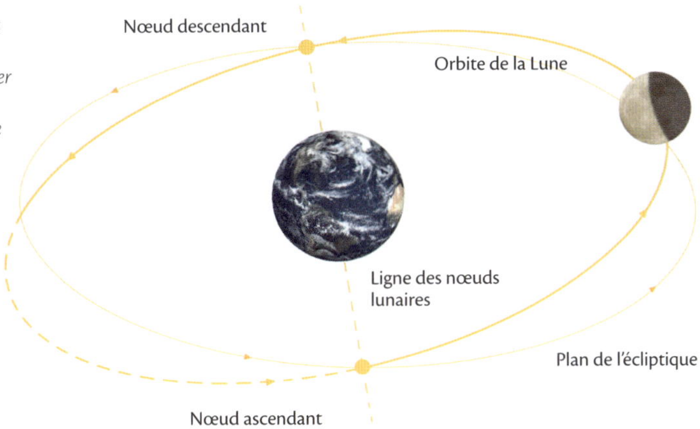

Apogée et périgée

La Lune ne tourne pas autour de la Terre de manière égale mais selon une courbe elliptique. Le moment où elle se trouve le plus éloignée de la Terre se nomme apogée (de *apo*, « lointain », et de *gaïa*, « terre »), le moment où elle en est le plus proche, le périgée (de *péri*, « proche »). À son apogée, la Lune se trouve à 406 500 km de la Terre, et à 356 400 km au plus près. Périgée et apogée sont considérés comme des périodes néfastes pour le jardinage. On conseille souvent de ne rien faire 24 heures avant et après le périgée, et 48 heures avant et après l'apogée.

Les éclipses

Lorsque le Soleil, la Lune et la Terre sont parfaitement alignés dans l'espace et sont proches d'un nœud, survient alors une éclipse. Il en existe de deux types : celles du Soleil ont lieu lorsque la Lune s'interpose entre la Terre et le Soleil. Les éclipses lunaires ont lieu lorsque la Terre se trouve entre le Soleil et la Lune.

Les éclipses de Lune sont également considérées comme néfastes pour le travail au jardin.

Certains calendriers lunaires déconseillent également le travail du jardin au moment des équinoxes.

Apogée et périgée

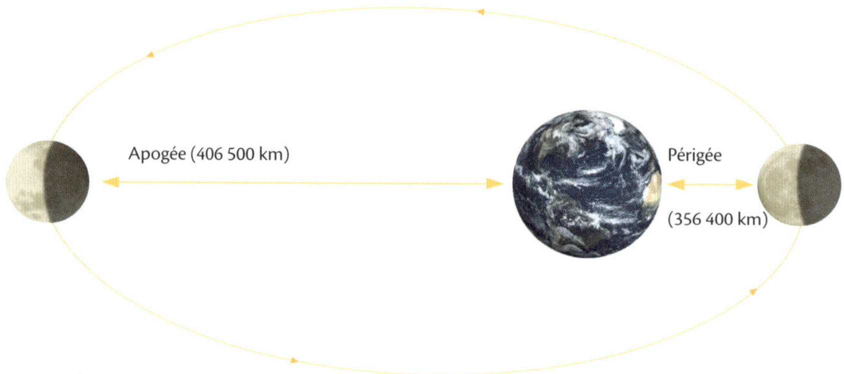

Travaux à effectuer suivant la lune

Travaux en lune montante

La lune montante favorise les parties aériennes des plantes, alors que la lune descendante favorise les racines, selon un principe analogue aux phases de croissance et de décroissance. Cependant, ces deux cycles n'étant pas coordonnés, il est difficile de respecter l'un et l'autre à la fois.

Au potager	➢ Cette période est favorable à tous les légumes dont on récolte les feuilles, qu'il s'agisse de semis, de repiquages, de soins ou de récoltes. ➢ C'est aussi en lune montante que les graines germent le mieux, c'est pourquoi tous les semis sont effectués à cette période.
Au verger	➢ La taille des arbres fruitiers se fait en lune montante, sauf pour les arbres très vigoureux. C'est à cette période que l'on prélève les greffons et que l'on procède à toutes les greffes. ➢ Les traitements sont à donner de préférence dans cette période.
Au jardin d'ornement	➢ Rosiers et arbustes sont taillés en lune montante. La pelouse est aussi tondue à ce moment.
Récoltes	➢ On récolte tous les fruits, les légumes-feuilles et les légumes-fruits (tomates, concombres, etc.).

Travaux à effectuer suivant la lune

Travaux en lune descendante

On se rappellera qu'une lune en décours va de pair avec le reflux de la sève dans les racines : c'est donc la période favorable pour les légumes racines, les tailles et le travail du sol.

Au potager	➢ La lune descendante est favorable aux légumes-racines (carottes, navets, radis, betteraves, choux-raves) et aux bulbes (ail, oignon), pour les semis et les repiquages. ➢ C'est également en lune descendante que l'on enfouit les engrais verts. Tous les travaux du sol, l'enfouissement des engrais et les amendements sont effectués de préférence à ce moment, car il est favorable à la vie microbienne. ➢ C'est aussi en lune descendante que l'on prélève les boutures.
Au verger	➢ La période est propice aux plantations et aux transplantations des arbres fruitiers.
Au jardin d'ornement	➢ C'est le moment de récupérer les bulbes de fleurs.
Récoltes	➢ Récolter les légumes-racines et à bulbes, notamment les pommes de terre.

La lune
et le zodiaque

La Lune a aussi un rythme sidéral, défini par le mouvement des étoiles. Dans son parcours, elle passe devant les douze constellations du zodiaque. Les constellations sont des regroupements d'astres formant des figures imaginaires, d'animaux (zodiaque vient du grec *zôon*, « animal ») et de personnages. Elles ont été imaginées par les hommes pour leur servir de repères d'orientation. En réalité, les étoiles formant une figure du zodiaque sont souvent très éloignées les unes des autres, de dizaines d'années de lumière parfois. Les astrologues grecs du Ve siècle av. J.-C. ont fait correspondre ces constellations aux mois de l'année. Mais d'un point de vue strictement astronomique, les constellations étant de dimensions très variables, le transit du Soleil et de la Lune devant ces constellations est de durée très variable (entre quelques jours et un mois et demi), et non égal à un mois.

Selon le calendrier biodynamique de Maria Thun, les influences des astres, relayées et amplifiées quand la Lune passe devant chaque constellation, sont plus importantes que celles de la lune elle-même.

La Lune dans le zodiaque indique sa position dans chacun des douze signes du zodiaque, c'est-à-dire les constellations célestes qui ceinturent la Terre. Chaque signe ou constellation ayant l'énergie d'un des quatre éléments qui la gouverne (Eau, Terre, Air et Feu), elle permet de déterminer quelle action entreprendre au jardin. Ainsi pour chaque jour, en fonction de la position de la lune dans le ciel, montante ou descendante, et du fait qu'elle traverse dans sa révolution de 27 jours (cycle sidéral) les diverses constellations, on se trouve en présence de jours feuilles, de jours fruits, de jours racines ou de jours fleurs.

– **Aux constellations de Terre (Taureau, Vierge et Capricorne)** correspondent les plantes-racines (ail, betterave, carotte, navet, échalote, oignon, radis, pomme de terre…), les fleurs à bulbes et autres légumes poussant dans le sol. La lune prévilégie les racines et

Cadran à Venise indiquant les phases de la lune et le zodiaque.

Éléments et zodiaque

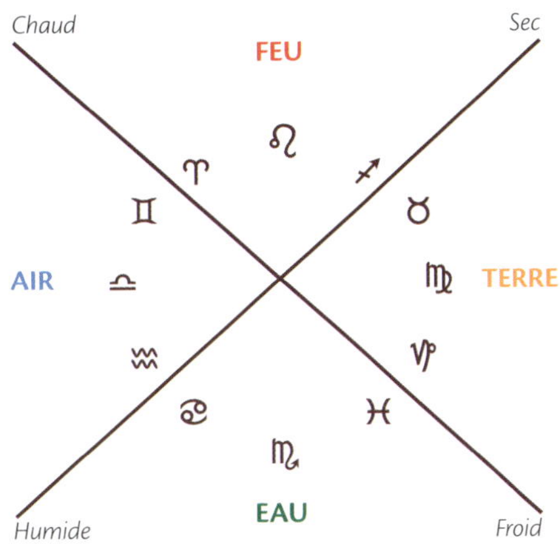

les écorces. Sous son influence, il est conseillé d'effectuer des travaux de préparation du sol, les semis et le binage.

– **Aux constellations d'Air (Gémeaux, Balance et Verseau)** correspondent les plantes-fleurs : les fleurs annuelles et vivaces, les arbres et les arbustes à fleurs, les plantes aromatiques et médicinales dont on récolte les fleurs.

– **Aux constellations d'Eau (Poissons, Cancer et Scorpion)** correspondent les plantes-feuilles (céleri, chicorée, choux, cresson, épinard, laitue, poireau) et les plantes aromatiques et médicinales dont on récolte le feuillage. L'eau est l'origine et la source de la vie, elle purifie et régénère. Cet élément influence particulièrement les parties les plus aqueuses de la plante (tige et feuille, gorgées de sève).

– **Aux constellations de Feu (Bélier, Lion et Sagittaire)** correspondent les plantes-fruits (aubergine, céréales, concombre, courge, fève, fraise, framboise, haricot, melon, piment, pois, citrouille, tomate) et les arbres fruitiers. Symbolisant la régénération, le feu est un élément qui apporte à la plante la chaleur indispensable à la maturité du fruit et de la graine pour la reproduction.

Correspondance Eléments - Constellations - Plantes	
Feu Bélier, Lion, Sagittaire	**Légumes-fruits :** tomate, concombre, cornichon, poivron, aubergine, courgette, melon, potiron... Tous les fruits.
Eau Cancer, Scorpion, Poissons	**Légumes-feuilles :** salades, choux, épinard, céleri-branche, fenouil, persil, poirée (bette), tétragone, asperge, poireau...
Terre Taureau, Vierge, Capricorne	**Légumes-racines :** carotte, panais, salsifis, ail, oignon, échalote, betterave, céleri-rave, rutabaga, chou-rave, crosne, endive (mais forçage en période de légumes-fruits), navet, pomme de terre, radis, topinambour...
Air Gémeaux, Balance, Verseau	**Légumes-fleurs :** pois, haricots, fèves, artichaut, brocoli, chou-fleur, maïs doux... Roses, fleurs à bulbes, annuelles et vivaces.

Lune et constellations

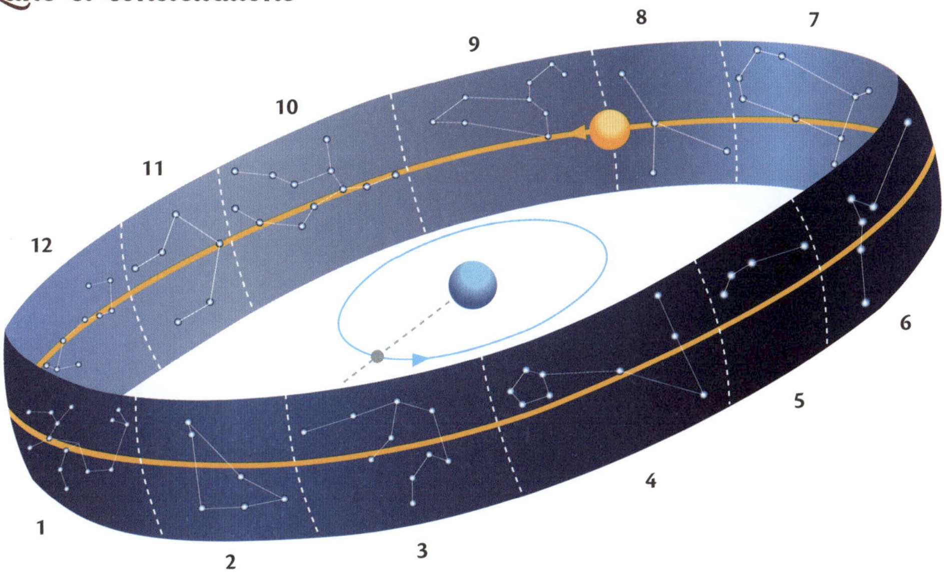

- Écliptique
- Soleil
- Terre
- Lune
- Orbite lunaire

1 – Sagittaire ♐
2 – Capricorne ♑
3 – Verseau ♒
4 – Poissons ♓
5 – Bélier ♈
6 – Taureau ♉

7 – Gémeaux ♊
8 – Cancer ♋
9 – Lion ♌
10 – Vierge ♍
11 – Balance ♎
12 – Scorpion ♏

Les signes du zodiaque et le jardinage

♈	**Bélier**	Fruit	Récoltez les légumes-racines et les fruits pour l'entreposage. Travaillez le sol, arrachez les mauvaises herbes et détruisez les insectes.
♉	**Taureau**	Racine	La seconde meilleure période pour les plantations et les transplantations. Bon pour les légumes-racines et les pommes de terre, surtout lorsque la rusticité est un facteur important. Est aussi un bon signe pour les légumes-feuilles comme la laitue, les choux et les épinards.
♊	**Gémeaux**	Fleur	Récoltez les légumes-racines et les fruits pour l'entreposage. Travaillez le sol, arrachez les mauvaises herbes et détruisez les ravageurs. Les semis de melons, courges et citrouilles répondent bien sous ce signe.
♋	**Cancer**	Feuille	Le meilleur signe pour toutes les plantations et les transplantations. Aussi bon pour le greffage et l'irrigation.
♌	**Lion**	Fruit	Cultivez, récoltez les légumes-racines et les fruits pour l'entreposage. Une excellente période pour arracher les mauvaises herbes et détruire les ravageurs, surtout dans le dernier quartier.
♍	**Vierge**	Racine	Les fleurs rampantes et grimpantes sont favorisées par ce signe. Travaillez le sol, arrachez les mauvaises herbes et détruisez les ravageurs.
♎	**Balance**	Fleur	Le meilleur signe pour la plantation des fleurs odorantes, des plantes grimpantes, des fines herbes et des plantes aromatiques. Bon pour la plantation des légumes à tiges pulpeuses et des légumes-racines.
♏	**Scorpion**	Feuille	Le meilleur signe pour les plantations arbustives et grimpantes. Les tomates aiment être transplantées sous l'influence de ce signe. Il en est de même pour les semis de maïs et de Cucurbitacées. Le greffage et la taille faits sous ce signe dans le troisième et le quatrième quartier retardent la croissance et amènent une meilleure production fruitière. Également un bon signe pour l'irrigation et les transplantations.

♐	**Sagittaire**	Fruit	Récoltez les légumes-racines et les oignons pour l'entreposage, plantez les arbres et les arbustes fruitiers. Un bon signe pour travailler le sol.
♑	**Capricorne**	Racine	Bon pour la plantation des pommes de terre et autres légumes-racines. Les travaux faits sous son influence encourageront une repousse forte et vigoureuse. Bon pour le greffage, la taille nécessitant une bonne cicatrisation et l'application de fertilisants organiques.
♒	**Verseau**	Fleur	Récoltez les légumes-racines et les fruits d'entreposage. Travaillez le sol, arrachez les mauvaises herbes et détruisez les ravageurs.
♓	**Poissons**	Feuille	C'est une très bonne période pour les plantations et les transplantations, de même que pour la croissance des racines et l'irrigation.

Le potager bio

Ail

(Allium sativum)

Cultivé en Chine il y a 5 000 ans, très apprécié par les Égyptiens, les Grecs et les Romains de l'Antiquité, l'ail a de tous temps été apprécié pour ses attraits culinaires, mais aussi pour ses vertus thérapeutiques ou son aura rituelle : après tout, ne sert-il pas à éloigner les vampires ?

Plantation : **octobre-novembre ou février-mars**

Récolte : **juin-juillet**

Pour une culture réussie

Plantation : l'ail de printemps se plante dès le mois de janvier en fonction des conditions météorologiques et de l'état des sols. Si de bonnes conditions ne sont pas réunies, mieux vaut attendre le mois de mars. L'ail d'automne et d'hiver se plante entre la mi-octobre et la fin décembre dans les régions bénéficiant d'un climat doux.

Sol et exposition : le sol doit être léger, profond et bien drainé et de préférence en exposition bien ensoleillée. D'ailleurs, d'une manière générale, l'ail préfère la douceur ou même la chaleur plutôt que l'humidité.

Entretien : il n'est pas compliqué, l'essentiel étant de garder le sol propre entre les plants.

Récolte : la récolte de l'ail de printemps s'effectue en juillet et août, en arrachant les bulbes à la fourche-bêche dès que les feuilles commencent à jaunir. Il en va différemment pour l'ail d'automne et d'hiver : feuilles et bulbes se savourent en vert au mois de mai, avec un arrachage progressif effectué en fonction des besoins. Les pieds qui restent éventuellement doivent être déterrés à la fourche-bêche quand l'extrémité des feuilles est devenue sèche.

Plantes amies et ennemies

Les meilleures plantes amies de l'ail sont la betterave, la carotte, la laitue, la pomme de terre, la tomate, le fraisier et le pêcher. Par contre, l'ail doit être éloigné du haricot, de la fève et du pois.

Jardinage avec la Lune

La préparation et l'enrichissement du sol, la plantation, l'entretien et la récolte doivent être réalisés en lune descendante, lorsque celle-ci passe devant la constellation de la Vierge.

Ennemis et maladies

L'ail redoute la teigne de l'ail et la rouille.

Les meilleures variétés

* **Il existe surtout deux types d'ail, l'ail blanc et l'ail rose.** *Le premier est le plus rustique ('Blanc de la Drôme'), le second plus hâtif et plus résistant à l'humidité ('Violet de Cadours'). Citons aussi l'ail 'Rose de Lautrec', pour les plantations d'automne ou de printemps.*

Artichaut

(*Cynara scolymus*)

Introduit dans nos régions au XVe siècle grâce à Catherine de Médicis, l'artichaut ne devient populaire que quatre cents ans plus tard, avec le développement de sa culture en Bretagne.

Plantation : **mars-avril, septembre-octobre**
Récolte : **avril à août**

Pour une culture réussie

Plantation : l'artichaut est planté en mars et avril (dans les régions à climat frais comme la Bretagne), ou en septembre-octobre (dans les régions à climat doux).

Sol et exposition : cette plante vivace aime un sol travaillé en profondeur, enrichi de fumier.

Entretien : l'entretien se résume à quelques opérations simples : griffez et désherbez le sol, arrosez et paillez la surface, coupez les tiges florales et les feuilles abîmées au ras du sol avant les premières gelées, dégagez partiellement les touffes pendant les périodes plus douces (cela évitera l'apparition de pourriture), apportez du compost au printemps.

Récolte : en fonction des régions, la récolte s'effectue entre avril et septembre, avant l'ouverture des écailles centrales. Une consommation immédiate est à privilégier.

Plantes amies et ennemies

Ce légume-fleur apprécie d'être installé à un emplacement occupé précédemment par un légume-racine. Il aime aussi la compagnie des divers choux, des fèves, des haricots, de l'ensemble des laitues, des oignons, des pois et des radis.

Jardinage avec la Lune

La plantation, l'entretien et la multiplication doivent être réalisés en lune descendante, lorsque celle-ci passe devant les constellations de la Balance et des Gémeaux. La récolte doit être effectuée en lune ascendante, lorsque celle-ci passe devant la constellation du Verseau.

Les meilleures variétés

'Gros vert de Laon', résistant au froid ; 'Gros camus de Bretagne', 'Blanc d'Hyères', 'Vert de Provence', 'Violet de Toscane'.

Ennemis et maladies

L'artichaut redoute les limaces et les pucerons, il se montre sensible à la maladie grise ainsi qu'au blanc.

Aubergine

(*Solanum melongena*)

Bien qu'elle soit depuis longtemps cultivée dans diverses régions d'Afrique et même en Chine, l'aubergine passe aujourd'hui pour être typiquement méditerranéenne. Si tout le monde apprécie sa saveur et si elle est désormais un légume à succès, l'aubergine se mérite : elle demande toute l'attention du jardinier.

Pour une culture réussie

Semis et repiquage : semée sous châssis dès le mois de février (dans le Midi), voire en mars-avril (dans les autres régions, et notamment au nord de la Loire), l'aubergine est repiquée environ un mois plus tard, lorsque les plants arborent une demi-douzaine de feuilles. Ils sont alors installés en godets remplis d'un mélange de terre et de terreau.

Plantation : la plantation s'effectue bien après les dernières gelées : en avril dans le Midi, mais seulement fin mai-début juin dans toutes les autres régions.

Sol et exposition : en sol fertile, riche en humus et frais, de préférence en plein soleil.

Entretien : un arrosage régulier par temps sec est indispensable (au pied, jamais sur les feuilles), de même qu'un paillage du sol en été pour en conserver la fraîcheur. En effet, l'aubergine redoute les sols trop secs. Et comme elle craint aussi les terres trop pauvres, un apport de compost n'est jamais négligeable.

Taille : elle vise uniquement à accélérer la formation des fruits et reste moins indispensable dans le Midi : il suffit de supprimer systématiquement les pousses apparaissant à la base des tiges.

Plantes amies et ennemies

Les meilleures plantes amies de l'aubergine sont le haricot nain, la carotte, le radis (qui apprécie aussi l'ombre fournie par l'aubergine) et la laitue.

Jardinage avec la Lune

La préparation et l'enrichissement des sols, le repiquage, la plantation, l'entretien et la taille doivent être effectués en lune descendante, de préférence en jour-fruit, quand la Lune passe devant la constellation du Lion. Le semis et la récolte doivent être réalisés en lune ascendante, quand la Lune passe devant les constellations du Bélier et du Sagittaire.

Ennemis et maladies

L'aubergine est sensible aux attaques de doryphores, d'araignées rouges, de pucerons et de limaces. Elle redoute aussi l'oïdium et le mildiou.

Semis :	**février-mars**
Plantation :	**avril-mai-juin**
Récolte :	**juillet à octobre**

Les meilleures variétés

* **'De Barbentane' :** *cette variété porte le nom de la première ville où fut cultivée l'aubergine en France. Précoce, elle est aussi très productive.*
* **'Blanche ronde' :** *la taille, la couleur et la forme de ses fruits lui ont valu le surnom de « plantes à œufs ». Voici une variété parfaite pour la culture en pot ou en bac.*
* **'Black Beauty' :** *se distingue par sa forme ronde.*
* **'Baluroi F1' :** *aux fruits allongés, a une couleur presque noire.*
* **'Bonica F1' :** *variété productive et tolérante aux maladies, fournit des aubergines ovoïdes, à la chair ferme.*

Brocoli

(Brassica oleracea var. *botrytis)*

Le brocoli nous vient d'Italie, où il est apprécié depuis fort longtemps. En France, son succès est plus modeste et, surtout, beaucoup plus récent. Aujourd'hui, on en trouve de nombreuses variétés aux saveurs plus ou moins marquées.

Semis : **février à août**

Récolte : **juin à novembre**

Pour une culture réussie

Semis et repiquage : le brocoli se sème en pépinière de mars à juillet et est repiqué dans un sol ameubli et enrichi en compost ou en fumier, environ un mois plus tard. Les plants doivent être enterrés jusqu'aux premières feuilles et généreusement arrosés.

Sol et exposition : le brocoli demande une terre enrichie depuis quelques mois et maintenue fraîche, ainsi qu'un climat tempéré et une exposition ensoleillée.

Entretien : l'élimination des mauvaises herbes et le paillage du sol dès qu'il est réchauffé font partie de l'entretien courant.

Récolte : la récolte s'effectue au fur et à mesure des besoins, entre juillet et novembre.

Plantes amies et ennemies

Faisant partie de la famille des Brassicacées, le brocoli est un légume assez facile, qui s'entend bien avec la betterave, le céleri, le concombre, le haricot, le pois, la pomme de terre et la tomate. Il redoute, par contre, la proximité des fraisiers.

Jardinage avec la Lune

La préparation et l'enrichissement du sol, le repiquage et l'entretien doivent être effectués en lune descendante, lorsque celle-ci passe devant les constellations de la Balance et des Gémeaux. Le semis et la récolte doivent être effectués en lune ascendante, lorsque celle-ci passe devant la constellation du Verseau.

Les meilleures variétés

* **Choux brocolis à jets (dits aussi « asperges ») :** *'Genji', F1, précoce, à grains fins ; 'Marathon', F1, grosse pomme suivie de plus petites, semis en toutes saisons ; 'Romanesco', précoce, semis d'avril à début juin ; 'Minaret', semis à partir de début juin ; 'Spigariello', végétation rapide, semis de juillet à octobre ; 'Vert Calabrais' peut être semé directement en place.*
* **Choux brocolis branchus :** *'Blanc hâtif', petites pommes blanches ; 'Red Arrow', très hâtif ; 'White Star', tardif.*

Ennemis et maladies

Le brocoli est relativement sensible et redoute les altises, les limaces, la mouche du chou, la noctuelle du chou et les piérides. Il peut aussi être attaqué par la fonte des semis ou la hernie du chou.

Carotte

(*Daucus carota*)

La carotte est loin d'être une nouveauté au potager : elle était déjà cultivée en Iran dans le courant du xe siècle. Il faut encore attendre deux cents ans avant qu'elle n'arrive en Europe, *via* l'Espagne, l'Italie et la France. Initialement, la carotte est plutôt blanche ou jaune ; elle ne deviendra orange qu'à la suite d'innombrables croisements et sélections.

Semis : **avril à juillet**

Récolte : **août à octobre**

Pour une culture réussie

Semis et repiquage : le semis des carottes de printemps s'effectuent en janvier ou février sur couche, dans une caisse ou sous châssis. Après la levée, il ne faut conserver que les plants les plus vigoureux, en les espaçant d'environ 3 à 4 cm. Attention, les carottes germent assez lentement : il ne faut donc pas s'étonner de devoir attendre trois semaines (ou plus) pour voir apparaître la première fane.

Sol et exposition : sol léger, retenant bien l'humidité et bien ameubli. Les terres argileuses ne conviennent pas non plus. Exposition ensoleillée.

Entretien : pour éviter les carottes tordues ou fourchues, il est conseillé de bien ameublir le terre et d'éliminer soigneusement tous les cailloux, mais aussi d'éviter les apports de matières organiques fraîches. Un paillage est encore à recommander dans la mesure où il permet d'éviter la formation de carottes éclatées qui sont généralement la conséquence d'une longue période pluvieuse suivie d'une période de sécheresse.

Récolte : les carottes de printemps s'arrachent environ dix semaines après le semis.

Plantes amies et ennemies

Les meilleures plantes amies de la carotte sont le poireau, l'oignon, l'ail, l'échalote et la ciboulette : ces plantes odorantes font fuir la mouche de la carotte. Autres plantes amies : les choux, les fèves, les épinards, les pois, les radis, les tomates, les céleris et les haricots. Par contre, les carottes doivent éviter le voisinage du fenouil et de l'aneth.

Jardinage avec la Lune

La préparation et l'enrichissement des sols, l'éclaircissage, l'entretien et la récolte doivent être réalisés en lune descendante, quand elle passe devant la constellation de la Vierge. Le semis doit être réalisé en lune ascendante, devant les constellations du Capricorne et du Taureau. La multiplication doit être effectuée en lune ascendante, quand elle passe devant les constellations du Bélier et du Sagittaire.

Ennemis et maladies

La mouche de la carotte, les araignées rouges et les limaces sont les pires ennemis de la carotte, qui craint aussi la fonte des semis et l'oïdium.

Les meilleures variétés

*** Voici des variétés qui se prêtent le mieux à la culture en pleine terre et qui se conservent bien l'hiver.** *'Boltex', 'Buror', 'Chantenay à cœur rouge', 'De Carentan', 'De la Halle', 'De Luc', 'De Meaux', 'Nanco', 'Nantaise améliorée', 'De Colmar à cœur rouge', 'Ivor', 'Jaune du Doubs', 'Saint-Valéry'.*

Chou-fleur

(Brassica oleracea var. *botrytis)*

Originaire de Chine, le chou-fleur est arrivé en Europe *via* le Moyen-Orient. D'abord apprécié en Espagne, il a peu à peu gagné le reste du continent, et notamment la France dès le XVIe siècle.

Semis : **février à juin**
Récolte : **mars à décembre**

Les meilleures variétés

* **Pour les régions de Bretagne et le sud de la Loire :** *'Merveille de toutes saisons', 'Géant d'automne Primus'.*
* **Pour les régions du Midi et du littoral atlantique :** *'Hâtif d'Angers', 'Pavillon', 'Walcheren Winter'.*
* **Pour le Nord et l'Est :** *'Dinnet', 'White Magic'.*

Pour une culture réussie

Semis : on distingue le chou-fleur hâtif, qui se sème en fin d'hiver et au printemps (février-mars) sous châssis pour une récolte de printemps ; celui de moyenne saison, qui peut être semé en pleine terre, en pépinière (mai-juin) pour une récolte en été ; et celui d'hiver, qui est aussi semé en pleine terre (mai-juin) pour une récolte en automne ou en hiver. Dans tous les cas, recouvrez peu les graines. Repiquez les plants quand ils ont 4-5 feuilles, à 80 cm d'écartement. Apportez à ce moment du compost à chaque pied.

Sol et exposition : terre enrichie quelques mois avant la plantation et maintenue fraîche durant la culture. Évitez les sols calcaires ou alcalins (pH supérieur à 7). Exposition ensoleillée.

Entretien : le chou-fleur n'apprécie pas la sécheresse. Arrosez en période estivale. Protégez aussi les variétés d'automne et d'hiver des gelées. Binez et sarclez.

Récolte : cueillez les pommes de chou-fleur quand elles sont encore fermes et déjà bien développées (8 cm de diamètre). N'attendez pas que le bouton floral s'épanouisse, car il est alors impropre à la consommation. Coupez la tige sous le bouton, en conservant quelques feuilles tout autour. La récolte se fait environ 3 mois après la plantation.

Plantes amies et ennemies

S'il n'apprécie pas la présence des fraisiers, le chou-fleur aime la betterave, le céleri (à côtes ou rave), le concombre, le cornichon, l'épinard, le haricot, le panais, le pois, la pomme de terre ou la tomate.

Jardinage avec la Lune

La préparation et l'enrichissement du sol, le repiquage, la plantation et l'entretien doivent être effectués en lune descendante, lorsque celle-ci passe devant les constellations de la Balance et des Gémeaux. Le semis et la récolte doivent être effectués en lune ascendante, lorsque celle-ci passe devant la constellation du Verseau.

Ennemis et maladies

Altises, limaces, mouches du chou, noctuelles et piérides sont les principaux ennemis du chou-fleur qui est aussi sensible à la fonte des semis et à la hernie du chou.

Chou pommé

(Brassica oleracea)

On distingue deux sortes de choux pommés : ceux à feuilles lisses (ou choux cabus) et ceux à feuilles cloquées (ou choux de Milan). Les premiers sont connus en France depuis le XIIIe siècle et ont longtemps fait partie de l'alimentation de base des populations.

Semis : **février-mars, mai-juin, août-septembre**

Récolte : **toute l'année selon les variétés**

Pour une culture réussie

Semis et repiquage : les choux pommés sont semés en pépinière ou sous châssis et sur couche selon la saison. Ils sont ensuite repiqués en pépinière 4 semaines après environ. Semez en août-septembre les variétés qui seront récoltées le printemps suivant ; semez en février-mars, sous châssis et sur couche, celles dont la récolte se fera en été et en automne ; enfin, semez en mai-juin les choux d'hiver. Le repiquage en place se fait à 50-60 cm d'écartement.

Sol et exposition : le sol doit être profond et frais, bien drainé. Les choux n'apprécient pas les sols acides. Il faut un climat humide et une exposition ensoleillée.

Entretien : maintenez le sol frais, car un excès de chaleur et une sécheresse prolongée facilitent le développement de parasites et donnent des pommes petites et déformées. Binez et sarclez pour limiter les arrosages. Paillez si besoin.

Récolte : selon les variétés, au printemps, en été ou en hiver. Récoltez avant que la pomme n'éclate : quand les feuilles du dessus commencent à jaunir. Coupez au ras du sol.

Plantes amies et ennemies

S'il faut les tenir à distance des échalotes, des fraisiers, des oignons, des poireaux et des radis, on peut rapprocher ces choux des betteraves, des céleris, des concombres, des cornichons, des haricots, des laitues, des pois, des pommes de terre, des tomates ainsi que de la majorité des herbes et plantes aromatiques. Ces dernières tiennent leurs principaux parasites à distance.

Jardinage avec la Lune

La préparation et l'enrichissement du sol, le repiquage, la plantation et l'entretien doivent être effectués en lune descendante, lorsque celle-ci passe devant les constellations du Cancer et du Scorpion. Le semis et la récolte doivent être effectués en lune ascendante, lorsque celle-ci passe devant la constellation des Poissons.

Ennemis et maladies

Altises, limaces, mouches du chou, noctuelles du chou et piérides sont les principaux ennemis du chou pommé, qui redoute aussi la hernie du chou et la fonte des semis.

Les meilleures variétés

* **Choux cabus :** *pour le printemps, 'Cap Horn', pomme pointue ; 'Express', très précoce ; 'Golden Acre', très précoce, à pomme ronde ; 'Nozomi', très hâtif et d'excellente qualité gustative ; pour l'été et l'automne, 'Cœur de bœuf gros', grosse pomme conique ; 'Nantais hâtif', pomme ronde vert foncé ; 'Tête de pierre', pomme ronde et compacte ; pour l'hiver, 'Lennox', pomme ronde gris-vert ; 'Rookie', chou rouge à belle pomme ronde.*
* **Choux de Milan :** *pour une récolte d'été et d'automne, 'Chirimen', résiste bien au chaud comme au froid ; 'Gros des vertus', pomme ronde ; 'Roi des Milans' ; pour une récolte d'hiver, 'D'hiver de Pontoise', à grosse pomme serrée ; 'Wintessa', très résistant aux gelées.*

Concombre et cornichon

(*Cucumis sativus*)

Cultivés depuis longtemps en Inde, les concombres et les cornichons n'apparaissent en Europe qu'à l'époque de Charlemagne. Mais la culture du concombre ne commence réellement dans nos régions que sous le règne de Louis XIV.

Semis : **mars à juin**
Récolte : **juin à septembre**

Les meilleures variétés

* **Concombres :** *'Aramon', F1, très bonne résistance à l'oïdium, pour les régions chaudes ; 'Rawa', F1, mini-concombre au goût excellent, rustique ; 'Early Set', F1, rustique ; 'Vert long de Chine', aux fruits de 1 m de long.*
* **Cornichons :** *'Belcanto', très productif ; 'Fin de Meaux' ; 'Stimora Mix', F1, fruits non amers, résistant à la mosaïque ; 'Vert petit de Paris' ; 'Amélioré de Bourbonne', fruits jeunes en cornichons et, plus gros, en concombres.*

Pour une culture réussie

Semis et repiquage : certaines variétés de concombres et de cornichons apprécient les semis en pleine terre, mais d'autres préfèrent les semis à chaud. Pour les premières, les semis s'effectuent en place entre avril et juin, le plant le plus vigoureux de chaque poquet étant le seul à être ensuite sélectionné.

Sol et exposition : sol fertile, argilo-siliceux, meuble et bien drainé. En raison de ses origines asiatiques, la plante a besoin de chaleur, mais craint l'excès d'humidité.

Entretien : un sol propre et biné, un épandage superficiel de cendres de bois et des arrosages réguliers sont importants.

Taille : les variétés à concombres doivent être taillées : pour cela, pincez la tige au-dessus de la 2e feuille, puis pincez les deux tiges qui se sont formées au-dessus de la 5e feuille. Ensuite, pincez les tiges une feuille au-dessus des fleurs qui se forment. Ces opérations faciliteront l'apparition des fruits et leur formation.

Récolte : la récolte des concombres s'effectue jusqu'aux premières gelées. Les cornichons se récoltent jeunes, presque quotidiennement.

Plantes amies et ennemies

Appréciant les céleris, les choux pommés, les choux-fleurs, les fèves, les haricots, les laitues, les oignons et les pois, les concombres et les cornichons ne font, par contre, pas bon ménage avec les melons, les pommes de terre et les tomates.

Jardinage avec la Lune

La préparation et l'enrichissement du sol, l'éclaircissage, la plantation, l'entretien et la taille doivent être effectués en lune descendante, lorsque celle-ci passe devant la constellation du Lion. Le semis et la récolte doivent être effectués en lune ascendante, lorsque celle-ci passe devant les constellations du Bélier et du Sagittaire.

Ennemis et maladies

Les araignées rouges, les limaces et les pucerons s'attaquent aux concombres et cornichons, qui redoutent aussi la fonte des semis et l'oïdium.

Courges et courgette

(Cucurbita pepo)

Il faut se perdre dans certaines vallées reculées du Mexique pour trouver l'origine des courges et de la courgette : elles y étaient déjà présente il y a plus de 9 500 ans.

Semis : **avril-mai**

Récolte : **juin à octobre**

Pour une culture réussie

Semis et repiquage : semez en avril, sous abri chauffé ou directement en place dans les régions les plus clémentes. Déposez 3 ou 4 graines : dans le premier cas, par godet de tourbe, dans le second, par poquet. Mettez en place les godets quand la température extérieure le permet (15 °C) et protégez (cloche, tunnel…) au début ; à cette occasion, conservez le plant le plus développé de chaque poquet et supprimez les autres. Respectez un écartement de 1 m pour les variétés non coureuses et de 1,20 à 1,50 m pour les autres. Recouvrez les graines de 2 cm de terreau.

Sol et exposition : le sol doit être léger et bien drainé, profond et riche en humus. Exposition ensoleillée.

Entretien : pendant l'été, maintenez le sol frais par des arrosages, des binages, des sarclages et des paillages (avec du compost autour de chaque pied) en cas de sécheresse.

Taille : les variétés coureuses sont pincées au-dessus de la 2e feuille (quand la plante a déjà quelques feuilles) ; pincez ensuite au-dessus de la 2e feuille après le dernier fruit les tiges secondaires dont la naissance a été provoquée par le premier pincement.

Récolte : récoltez les courges à maturité complète, en octobre ; cueillez les courgettes quand elles sont encore jeunes : elles sont meilleures. On peut les conserver quelques jours après la récolte.

Plantes amies et ennemies

La courgette et les courges apprécient le voisinage du basilic, du haricot à rames, du maïs et du chou pommé. Par contre, il faut éviter de les placer à proximité des pommes de terre et des autres Cucurbitacées.

Jardinage avec la Lune

La préparation et l'enrichissement du sol, l'éclaircissage, la plantation et l'entretien doivent être réalisés en lune descendante, devant la constellation du Lion. Le semis et la récolte doivent être effectués en lune ascendante, devant les constellations du Bélier et du Sagittaire.

Ennemis et maladies

Limaces et pucerons raffolent des courgettes et des courges, qui sont aussi sensibles aux attaques d'oïdium.

Les meilleures variétés

* **Courges coureuses :** *'Sweet Dumpling', chair orange sucrée, se conserve 3-4 mois ; 'Delicata', petits fruits allongés à la saveur de châtaigne ; 'Spaghetti végétal', se conserve jusqu'à 6 mois ; 'Winter Luxury', excellente variété de longue garde à la chair orange très parfumée ; 'Melonnette jaspée de Vendée', chair très sucrée, se conserve jusqu'au printemps.*
* **Courgettes :** *'Ambassador', F1, production très précoce ; 'Black Jack', F1, fruits vert sombre à la saveur délicate ; 'De Nice à fruit rond', fruits très tendres, à farcir ; 'Ronice', fruits ronds vert foncé ; 'Seneca Zucchini', F1, productive à fruits vert brillant ; 'Tiger Cross', F1, hâtive et productive.*

Endive

(*Cichorium intybus*)

Ce légume porte toute une série de noms en fonction de sa région de culture. On l'appelle aussi chicorée ou chicon. Ce sont les Flamands qui sont à l'origine de son forçage. L'endive présente la particularité d'être à la fois un légume-racine (quand elle est au jardin et lors de son arrachage) et un légume-feuille (pendant son forçage).

Semis : **mai-juin**
Récolte : **décembre-janvier**

Les meilleures variétés

* **Chicorée sauvage :** *'Amère', dite barbe de capucin ; 'Améliorée Blonde' ; 'Pain de sucre, race Hilmar', 'Jupiter' F1, hybride du précédent.*
* **Chicorées italiennes :** *'Di chioggia a palla blanca' ; 'Triestina da taglio' ; 'Rouge Palla rossa', précoce ; 'Rouge de Trévise' ; 'Rouge de Vérone' ; 'Rossa Italia', feuilles vert foncé, crantées.*
* **Chicorées de Bruxelles (endives) :** *'Bea' ; 'Demi-hâtive de Malines' ; 'Magnum', F1 ; 'Zoom'.*

Pour une culture réussie

Semis et repiquage : les semis s'effectuent en mai-juin, dans des sillons profonds de 30 cm. Les graines doivent être recouvertes de 1 cm de terre et légèrement arrosées. L'éclaircissage s'effectue deux semaines après la levée, quand chaque plant arbore trois ou quatre feuilles. Jusqu'à la germination, des arrosages doivent être réalisés régulièrement par temps sec.

Sol et exposition : les endives apprécient tous les sols de jardin, et se plaisent en situation ensoleillée.

Entretien : binez, paillez si nécessaire. Griffez le sol pour supprimer les mauvaises herbes ou les empêcher de se former.

Récolte : toutes les endives doivent être arrachées à la fourche-bêche avant les premières gelées (en octobre et novembre). De mi-octobre à fin février, les racines peuvent être forcées en fonction des besoins, par vagues successives. La récolte débute lorsque les légumes forcés sont bien développés (il faut compter environ deux mois au jardin et entre un et un mois et demi en cave).

Plantes amies et ennemies

Carottes, concombres, courges, radis, haricots, navets, choux, pois et poireaux sont les meilleurs compagnons de l'endive.

Jardinage avec la Lune

La préparation et l'entretien du sol, l'éclaircissage et l'entretien au jardin doivent être réalisés en lune descendante, devant la constellation de la Vierge. L'entretien lors du forçage doit aussi être effectué en lune descendante, mais quand celle-ci passe devant les constellations du Cancer et du Scorpion. Le semis est à réaliser en lune ascendante, devant les constellations du Capricorne et du Taureau, tandis que la récolte doit être assurée en lune ascendante, devant la constellation des Poissons.

Ennemis et maladies

L'endive est surtout sensible à deux maladies : la pourriture du collet et l'oïdium.

Fraisier

(Fragaria sp.)

Le développement de la culture de la fraise en Europe ne date que des XVIIe et XVIIIe siècles. À l'époque, la plante nous arrive d'Amérique du Nord. Aujourd'hui, le fraisier tel que nous le connaissons est assez différent de la plante d'origine, celle-ci ayant subi de nombreuses modifications au cours du temps.

Semis : **mars-avril, août-septembre**
Récolte : **mai à octobre**

Pour une culture réussie

Plantation : plantez les variétés remontantes en mars-avril ; plantez les non remontantes en août-septembre. Espacez les plants de 40 cm. Installez les fraisiers avec leur motte, mais le bourgeon central hors de terre.

Sol et exposition : le fraisier nécessite un sol frais et bien drainé, riche en matières organiques, et une exposition ensoleillée.

Entretien : arrosez au goulot, au pied car le fraisier demande beaucoup d'eau, en particulier durant la formation des fruits. Paillez… mais évitez la paille car l'humidité pourrit les fraisiers et sert d'abri aux parasites. Employez plutôt des paillettes de lin ou des billes d'argile.

Récolte : les variétés remontantes se récoltent dès le mois de mai (sous tunnel) et jusqu'en octobre. Les fraisiers non remontants produisent en juin-juillet. Pour bénéficier au maximum de leur beauté, de leur saveur et de leur parfum, les fraises doivent être cueillies à la main, en début de matinée, puis consommées dans la journée.

Plantes amies et ennemies

Ail, bourrache, échalote, épinard, haricot, laitue, oignon et poireau sont les plantes amies du fraisier, contrairement aux choux pommés, aux choux-raves et aux choux-fleurs.

Jardinage avec la Lune

La préparation et l'enrichissement du sol, la plantation, l'entretien et la multiplication doivent être effectués en lune descendante, lorsque celle-ci passe devant la constellation du Lion. La récolte doit être effectuée en lune ascendante, lorsque celle-ci passe devant les constellations du Bélier et du Sagittaire.

Les meilleures variétés

* **Remontantes :** *'Gento', très gros fruit allongé et très sucré, sensible à l'oïdium ; 'Mara des bois', saveur de fraise des bois, peu sensible aux maladies ; 'Ostara', peu sensible aux maladies ; 'Rabunda', idéale pour les confitures ; 'Reine des vallées', très bonne saveur de fraise des bois.*
* **Non remontantes :** *'Belrubi', très bonne saveur ; 'Sengana', tardive, très bonne saveur, apte aux confitures, peu sensible aux maladies.*

Ennemis et maladies

Assez sensible, le fraisier redoute aussi bien les limaces que la chlorose, la maladie des taches pourpres, l'oïdium et la pourriture grise.

Framboisier

(Rubus idaeus)

Cultivé depuis le Moyen Âge, les framboisiers se divisent en deux catégories : les remontants et les non-remontants. Le choix initial de l'une ou l'autre sorte est important : les non-remontants fructifient sur les branches de l'année précédente, tandis que les remontants fructifient sur les mêmes branches deux années de suite.

Plantation : **novembre à février**

Récolte : **juin à octobre**

Pour une culture réussie

Plantation : les jeunes framboisiers se plantent entre novembre et février, à condition qu'il ne gèle pas.

Sol et exposition : un sol acide, léger et riche en humus est idéal, de même qu'une exposition ensoleillée.

Taille : l'année suivant la plantation, il est conseillé de supprimer les premières pousses, ainsi que les rejets les plus faibles. Les cannes ayant fructifié doivent être rabattues la troisième année.

Entretien : le framboisier craint les périodes de sécheresse : il ne faut donc pas négliger les arrosages en été (que ce soit à la plantation ou pour les plantes déjà installées). Le sol peut être paillé afin de conserver une certaine fraîcheur. Les rejets trop éloignés du pied d'origine doivent être supprimés chaque année.

Récolte : la récolte s'échelonne depuis le mois de juin jusqu'aux premières gelées en fonction des variétés. On repère aisément les fruits prêts à être cueillis : ils se détachent très facilement. Une récolte tous les deux à trois jours est idéale.

Jardinage avec la Lune

La plantation, l'entretien, la taille et la multiplication doivent être effectués en lune descendante, en jour-fruit, lorsque celle-ci passe devant la constellation du Lion. La récolte sera idéale en lune ascendante, en jour-fruit, devant les constellations du Bélier et du Sagittaire.

Les meilleures variétés

* **Framboisiers remontants :** *'Augustred', 'September', 'Zeva', 'Llyod George', 'Belle de Malicorne', 'Violette', 'Polka'.*
* **Framboisiers non remontants :** *'Amber', 'Flavi', 'Meecker', 'Schoeneman'.*
* **Framboisiers dorés :** *'Fallgold', 'Golden queen', 'Surprise d'automne'.*
* **Framboisiers sans épine :** *'Victorine', 'Glen lion', 'Glen amble'.*

Ennemis et maladies

Les pucerons et les vers des framboises comptent parmi les principaux ennemis du framboisier, qui peut aussi être atteint de la brûlure des dards et du botrytis. Une plantation de myosotis entre les framboisiers permet d'éviter les attaques du ver des framboises.

Groseillier

(Ribes rubrum, Ribes grassularaia)

On ne connaît pas l'origine précise des groseilliers : peut-être sont-ils originaires d'Afrique du Nord et d'Europe. Ce qui, en revanche, est plus avéré, c'est que le groseillier à grappes est apparu dans nos contrées aux alentours du XVe siècle et que le groseillier à maquereau est apparu une centaine d'années plus tard.

Pour une culture réussie

Plantation : le groseillier se plante de novembre à mars. Creusez les trous de plantation plusieurs jours avant la mise en terre, ce qui permet d'aérer le sol.

Sol et exposition : le groseiller demande une terre acide, bien drainée et riche en humus. Comme cette plante redoute chaleur excessive et sécheresse, une exposition en mi-ombre est nécessaire.

Taille : qu'il s'agisse du groseillier à grappes ou de celui à maquereau, la taille doit être effectuée en février, en-dehors de toute période de gel, mais avant le développement de la végétation. On conseille généralement de tailler chaque année, à la base des plantes, un quart des plus gros rameaux situés au centre de la touffe.

Entretien : un arrosage régulier en été est important Toujours en été, un paillage du sol peut être efficace pour conserver la fraîcheur du sol. Un désherbage régulier autour des pieds des groseilliers est aussi essentiel, de même qu'un apport superficiel de compost dans le courant de l'automne.

Récolte : les tiges du groseillier à grappes commencent à porter des fruits dès la deuxième ou troisième année et la production a tendance à diminuer sur les branches âgées de cinq ans ou plus. Les groseilles à grappes sont prêtes à être cueillies entre juillet et août, tandis que les groseilles à maquereau sont récoltées entre la fin juillet et la mi-août.

Jardinage avec la Lune

La plantation, l'entretien, la taille et la multiplication doivent être réalisés en lune descendante, lorsque celle-ci passe devant la constellation du Lion. La récolte doit être effectuée en lune ascendante, en jour-fruit, quand elle passe devant les constellations du Bélier et du Sagittaire.

Semis : **novembre à mars**

Récolte : **juillet-août**

Les meilleures variétés

* **Groseillier à grappes :** *'Abondance', 'Redpoll', 'Raisin industria', 'Red lake', 'Junifer', Rose de Champagne', 'Blanka', 'Gloire des Sablons'.*
* **Groseillier à maquereau :** *'Germania', 'Greenfind', 'Pixwell', 'Worcester', 'Careless', 'Freedonia', 'Spine free', 'Pax'.*

Ennemis et maladies

Les groseilliers peuvent être victimes d'attaques de pucerons. Ils sont aussi sensibles à la rouille, à l'anthracnose et à l'oïdium.

Haricot

(Phaseolus vulgaris)

Déjà cultivé à l'époque précolombienne de l'autre côté de l'Atlantique, le haricot à grains débarque en Europe en même temps que Christophe Colomb de retour de ses longues expéditions. Il faut cependant attendre le courant du XXe siècle pour que la culture du haricot se répande en Europe.

Semis : **mai à août**
Récolte : **juillet à septembre**

Les meilleures variétés

* **Mangetout nains :** *'Amethyst', 'Argus', 'Contender', 'Fruidor', 'Goldimmens', 'Hildora', 'Olympus', 'Oxynel', 'Primel', 'Purple Teepee', 'Romano Wax', 'Saxa'.*
* **Mangetout à rames :** *'À cosse violette sans fil', 'Esmeralda', 'Fortex', 'Or du Rhin'.*
* **À filets nains :** *'Belna', 'Divinel', 'Fin de Bagnols', 'Morgane', 'Triomphe de Farcy'.*
* **À écosser, à rames :** *'Coco blanc Sophie', 'Coco rouge de Prague', 'Espagne Goliath', 'Espagne rouge Butler', 'Soissons blanc', 'Soissons vert' (flageolet vert).*

Pour une culture réussie

Semis et repiquage : on distingue de nombreuses variétés de haricots : haricot vert à filets nain, haricot vert à filets sans fil nain, haricot beurre, mangetout nain, haricot mangetout à rames, haricot à grains nain et haricot à rames. Les semis, directement en place et en ligne, s'effectuent dès que la température dépasse 10 °C.

Sol et exposition : le haricot est peu exigeant, même s'il préfère les sols légers et frais (les terrains trop lourds favorisent le développement des maladies). Il apprécie les climats chauds et une exposition ensoleillée.

Entretien : quand les plants ont une dizaine de centimètres, binez et buttez-les. Profitez-en pour tuteurer les variétés à rames (jusqu'à 3 m). Arrosez abondamment, au goulot, en évitant de mouiller le feuillage, surtout à partir de la floraison et après chaque cueillette.

Récolte : cueillez les mangetout une fois par semaine ; cueillez les haricots à filets (gousses longues et fines) tous les 2-3 jours pour qu'ils ne prennent pas le fil (parchemin). Les pieds des haricots à grains, que l'on consomme secs, sont arrachés entiers pour être conservés au sec, suspendus.

Plantes amies et ennemies

Aubergines, carottes, céleris, choux, concombres, épinards, fraisiers, laitues et pommes de terre font partie des plantes amies du haricot. Au contraire de l'ail, de la betterave, de l'échalote, du fenouil, de l'oignon et des pois que le haricot n'apprécie guère.

Jardinage avec la Lune

La préparation et l'enrichissement du sol, ainsi que l'entretien doivent être effectués en lune descendante, lorsque celle-ci passe devant la constellation du Lion. Le semis, la multiplication et la récolte doivent être effectués en lune ascendante, lorsque celle-ci passe devant les constellations du Bélier et du Sagittaire.

Ennemis et maladies

Pucerons, anthracnose, chlorose, graisse et rouille sont les principaux problèmes auxquels le haricot doit faire face.

Laitue

(Lactuca sativa)

La laitue est appréciée depuis l'Antiquité : les Romains en étaient friands. Aujourd'hui, on distingue plusieurs grandes familles de laitues dont, notamment, les romaines, les pommées ou les laitues à couper.

Pour une culture réussie

Semis et repiquage : *les laitues de printemps* se sèment entre janvier et mars, mais toujours à une température avoisinant 13 à 15 °C (une serre peut être nécessaire dans les régions les plus froides). Couvrez légèrement les graines et tassez. Le repiquage a lieu trois à quatre semaines après le semis, quand les plants présentent trois ou quatre feuilles.
Les laitues d'été et d'automne se sèment d'avril à août, directement en place. Un éclaircissage est nécessaire après deux ou trois semaines, afin de ne conserver que les plus beaux plants, espacés de 30 cm.
La laitue d'hiver se sème en août et septembre, est éclaircie deux à trois semaines plus tard, et est plantée six semaines après le semis.
Sol et exposition : la laitue aime les sols frais et riches en humus, avec une exposition bien ensoleillée.
Entretien : aérez les châssis, protégez éventuellement du froid les jeunes semis de pleine terre, binez, sarclez et arrosez.
Récolte : la laitue de printemps se récolte environ deux mois après le semis. Les laitues d'été et d'automne se récoltent dès la mi-mai (pour les variétés à couper) ou le mois de juin (pour la laitue pommée). La laitue d'hiver se récolte du mois de mars au mois de mai.

Plantes amies et ennemies

L'ail, l'échalote, l'oignon, la betterave, la carotte, le haricot, le navet, le poireau, la blette, le radis, le concombre, le chou, la fève, le pois et l'épinard sont les meilleurs amis de la laitue, de même que le fraisier et le melon. Par contre, elle ne supporte pas le tournesol, le persil et le céleri.

Jardinage avec la Lune

La préparation et l'enrichissement des sols, l'éclaircissage, la plantation et l'entretien doivent être effectués en lune descendante, devant les constellations du Cancer et du Scorpion. Les semis, la récolte et la conservation sont effectués en lune ascendante, devant la constellation des Poissons.

Ennemis et maladies

Limaces, pucerons et taupins sont les vrais ennemis de la laitue, qui peut aussi souffrir de la fonte des semis.

Semis : **janvier à septembre**

Récolte : **mars à octobre**

Les meilleures variétés

* **Batavias :** *'De Pierre-Bénite', 'Dorée de printemps', 'Dorémi', 'Gloire du Dauphiné', 'Reine des glaces'.*
* **Romaines :** *'Chicon des Charentes', 'Riva', 'Verte maraîchère'.*
* **Laitues pommées :** *'Appia', 'Brune d'hiver', 'Diina', 'Gotte jaune d'or', 'Merveille des quatre saisons'.*
* **Grasses :** *'Craquerelle du Midi', 'Sucrine'.*
* **À couper :** *'Lollo Rossa', 'Red Salad Bowl', 'Saint-Vincent'.*

Navet

(Brassica rapa)

Il est difficile de trouver un légume qui a une plus longue histoire que le navet : en effet, il était déjà consommé pendant la Préhistoire. Il a longtemps constitué l'une des bases de l'alimentation humaine, jusqu'à l'apparition de la pomme de terre qui, peu à peu, le supplanta dans les préparations culinaires quotidiennes.

Semis : **mars-avril, août-septembre**

Récolte : **mai à juillet, septembre à décembre**

Pour une culture réussie

Semis et repiquage : on distingue les navets de printemps et d'été, et ceux d'automne. Ces derniers se sèment en juillet-août et doivent être éclaircis deux ou trois semaines plus tard.

Sol et exposition : terre légère enrichie de compost bien mûr. Les sols secs et trop calcaires ne conviennent pas. Exposition ensoleillée.

Entretien : aérez la terre, éliminez les mauvaises herbes et arrosez régulièrement le sol pour éviter que les racines deviennent creuses.

Récolte : l'arrachage commence environ trois mois après le semis, de préférence pendant les journées les plus sèches et avant les fortes gelées.

Plantes amies et ennemies

Le navet apprécie les herbes et plantes aromatiques, la carotte, le céleri, l'épinard, le haricot, la laitue, les pois et la tomate. Par contre, il ne supporte pas l'oignon.

Jardinage avec la Lune

La préparation et l'enrichissement du sol, l'éclaircissage, l'entretien et la récolte doivent être effectués en lune descendante, lorsque celle-ci passe devant la constellation de la Vierge. Le semis doit être effectué en lune ascendante, lorsque celle-ci passe devant les constellations du Capricorne et du Taureau.

Les meilleures variétés

* **'À forcer Nantais' :** *chair blanche, forme cylindrique, précoce.*
* **'Blanc globe à collet violet' :** *rustique, chair blanche, forme cylindrique.*
* **'Des Vertus marteau' :** *chair blanche.*
* **'Jaune boule d'or' :** *goût très fin, semis d'automne.*
* **'Marteau' :** *chair tendre et sucrée.*
* **'Stanis' :** *chair ferme de très bonne saveur, semis de printemps.*
* **'Tokyo top' :** *chair blanche, racines bien rondes.*
* **'Weiseler' :** *chair rose, racines demi-longues, résistante au froid.*

Ennemis et maladies

Altises, limaces et mouches du navet sont ses principaux ennemis. Il craint aussi la hernie du chou.

Poireau

(Allium porum)

Personne ne sait d'où vient le poireau. Seule certitude : il était déjà connu des Grecs et des Romains de l'Antiquité. Avantage essentiel : en fonction des variétés, il s'adapte aussi bien à la culture estivale qu'hivernale.

Semis :	**février à août**
Récolte :	**toute l'année**

Pour une culture réussie

Semis et repiquage : il faut distinguer les poireaux à semer sous abri des poireaux baguettes et des poireaux d'automne-hiver. Ceux-ci peuvent être semés de mars à mai, avec une plantation prévue deux mois plus tard.

Sol et exposition : le sol doit être bien ameubli et fertile. Exposition ensoleillée de préférence.

Entretien : binez, sarclez et arrosez régulièrement (un temps trop sec favorise l'installation du ver du poireau). Buttez sur une dizaine de centimètres de hauteur les variétés qui seront récoltées en automne et en hiver pour blanchir le fût des plantes et les protéger du froid. Vous pouvez aussi installer une épaisse couche de feuilles mortes ou de paille, ou encore de paillettes de lin.

Récolte : la récolte s'effectue toute l'année, en fonction des besoins.

Plantes amies et ennemies

Le poireau s'accorde avec le céleri, la laitue, la tomate et le fraisier. Il affectionne surtout la carotte, ces deux végétaux se protégeant mutuellement. Il n'aime pas les betteraves, les choux, les haricots, les oignons et les pois.

Jardinage avec la Lune

La préparation et l'enrichissement du sol, l'éclaircissage, la plantation, l'entretien et la récolte doivent être effectués en lune descendante, lorsque celle-ci passe devant la constellation de la Vierge. Le semis doit être effectué en lune ascendante, lorsque celle-ci passe devant les constellations du Capricorne et du Taureau. La multiplication doit être effectuée en lune ascendante, lorsque celle-ci passe devant les constellations du Bélier et du Sagittaire.

Les meilleures variétés

* **'Blaugrüner Winter race Vrizo' :** *très résistant au froid, pour une récolte de novembre à avril.*
* **'Carlton', F1 :** *pour récolte d'été et d'automne, à semer directement en place.*
* **'Flipper' :** *variété d'hiver.*
* **'Kristina' :** *résiste bien en terre tout l'hiver.*
* **'Gros jaune du Poitou' :** *très précoce, pour récolte d'automne, ne résiste pas au froid.*

Ennemis et maladies

Le poireau redoute la mouche de l'oignon, la mouche mineuse, le thrips, la fonte des semis, la teigne du poireau, le mildiou et la rouille.

Pois

(Pisum sativum)

Originaire d'Asie ou d'Inde, déjà consommé par les Grecs de l'Antiquité, le pois n'a connu un réel essor qu'au cours du règne de Louis XIV, qui l'appréciait particulièrement.

Semis : **février à juin**
Récolte : **juillet-août**

Les meilleures variétés

* **Mangetout :** *'Bamby' (65 cm de haut), précoce et productif ; 'Caroubel' (1,10 m de haut), très productif, sans parchemin ; 'Corne de bélier', 1,50 m de haut, précoce ; 'Normand', de 60 à 90 cm de haut, à ramer.*
* **À écosser à rames :** *'Caractacus', grains ronds, 70 cm de haut, précoce ; 'Express à longue cosse', grains ronds, 90 cm de haut ; 'Roi des conserves', grains ronds, 1,40 m de haut ; 'Serpette Guilloteaux', grains ronds, 1,50 m de haut ; 'Jof', grains ridés, 1 m de haut ; 'Téléphone à rames', grains ridés, 1,50 m de haut, énormes gousses.*
* **Nains à écosser :** *'Douce Provence', grains ronds, précoce, 50 cm de haut ; 'Plein le panier', grains ronds, 70 cm de haut ; 'Bayard', grains ridés, 75 cm de haut, à ramer ; 'Téléphone nain', grains ridés, 50 cm de haut.*

Pour une culture réussie

Semis et repiquage : il faut distinguer les pois avec semis de fin d'hiver et de printemps, du pois avec semis d'automne. Ce dernier se sème en place entre février et avril (pour le pois rond et mangetout) ou entre mars et juin (pour le pois ridé).
Sol et exposition : terre légère et fraîche. Le pois n'apprécie pas les sols trop humides et calcaires. Situation lumineuse mais pas sèche (le pois n'aime pas les grosses chaleurs).
Entretien : les mauvaises herbes doivent être éliminées régulièrement et un buttage doit être réalisé trois semaines après la levée pour favoriser un l'enracinement. Un bon arrosage par temps sec éventuellement associé à un paillage sont essentiels.
Récolte : récoltez les gousses quand elles sont bien pleines (au moins deux fois par semaine), ou bien quand les grains commencent à se former pour les mangetout. Cueillez au fur et à mesure des besoins, car il est préférable de consommer les pois le plus rapidement possible (si l'on n'en fait pas des conserves ou si l'on ne les congèle pas).

Plantes amies et ennemies

Carotte, céleri, chou, concombre, laitue, navet, pomme de terre, radis et melon sont les meilleurs amis du pois qui, par contre, n'aime guère les tomates, haricots, fèves, échalotes, poireaux, oignons, ail ou persil.

Jardinage avec la Lune

La préparation et l'enrichissement du sol ainsi que l'entretien doivent être effectués en lune descendante, lorsque celle-ci passe devant la constellation du Lion. Le semis, la multiplication et la récolte doivent être effectués en lune ascendante, lorsque celle-ci passe devant les constellations du Bélier et du Sagittaire.

Ennemis et maladies

Toutes variétés confondues, les pois redoutent les limaces, les bruches, l'oïdium et le mildiou.

Poivron et piment

(Capsicum annuum)

Les piments font partie des premiers végétaux cultivés par les populations sud-américaines. Arrivés en Europe dans les cales des navires de Christophe Colomb, ils sont désormais considérés comme des « légumes du soleil ». Les piments (dotés d'une saveur plus puissante) et les poivrons (à la saveur plus douce) sont indissociables de la cuisine méditerranéenne.

Semis : **février-mars**
Récolte : **juin à octobre**

Pour une culture réussie

Semis et repiquage : les semis s'effectuent en février-mars et le repiquage s'effectue un mois plus tard. Les plants doivent alors être maintenus au chaud (environ 18 °C), dans un sol aéré et arrosé sans excès. La plantation est réalisée en mai-juin (si les températures ne tombent pas sous la barre des 10 °C).

Sol et exposition : le sol doit être riche en humus, frais, meuble et profond. Choisissez une situation ensoleillée et abritée.

Entretien : protégez les jeunes plants (tunnels) tant que la température n'est pas remontée au-dessus de 15 °C. Binez et sarclez, paillez et arrosez au goulot une fois par semaine (davantage s'il fait très sec).

Taille : pincez au-dessus de la première feuille au-dessus du dernier fruit lorsque le pied a formé 8-10 fruits.

Récolte : les piments sont cueillis quand ils sont à maturité (rouge foncé) ; les poivrons avant, quand ils sont encore verts. Coupez les fruits avec un sécateur ou une paire de ciseaux, en conservant une petite longueur de pédoncule sur la plante.

Plantes amies et ennemies

Les poivrons et les piments apprécient le voisinage des végétaux de la même famille (Solanacées) : tomates, aubergines et pommes de terre.

Jardinage avec la Lune

La préparation et l'enrichissement du sol, le repiquage, la plantation, l'entretien et la taille doivent être effectués en lune descendante, lorsque celle-ci passe devant la constellation du Lion. Le semis, la multiplication et la récolte doivent être effectués en lune ascendante, lorsque celle-ci passe devant les constellations du Bélier et du Sagittaire.

Les meilleures variétés

* **Piments :** *'Antillais', fruits de 5-6 cm de long ; 'de Cayenne', petits fruits rouges longs et étroits ; 'de Thaïlande', fruits allongés de 3-5 cm de long ; 'Sucette de Provence', fruits longs et rouge vif.*
* **Poivrons :** *'Ariane', F1, fruits orange vif ; 'Doux d'Espagne', gros fruits très doux, pour farcir ; 'Doux long des Landes', fruits minces et droits de couleur vert foncé ; 'Mariner', chair ferme et peau lisse ; 'Pariba', fruits en forme de tomate ; 'Redskin', rouge foncé, se prête à la culture en pot.*

Ennemis et maladies

Limaces, pucerons et araignées rouges sont les seuls ennemis des poivrons et piments qui résistent bien aux maladies.

Pomme de terre

(Solanum tuberosum)

Il aura fallu attendre la fin du XVIIIe siècle et un certain Parmentier pour que la pomme de terre puisse enfin afficher ses lettres de noblesse en Europe. Dans d'autres régions du monde, par contre, ce légume-racine est connu, dégusté et apprécié depuis des temps immémoriaux.

Semis : **février-mars, avril-mai**
Récolte : **avril à septembre**

Les meilleures variétés

∗ **'Belle de Fontenay' :** *à chair ferme, précoce, de très bon goût mais sensible aux maladies.*
∗ **'BF 15' :** *à chair ferme, rustique.*
∗ **'Bintje' :** *à chair farineuse jaune.*
∗ **'Bleue d'Auvergne' :** *variété ancienne, violette, ronde à peau lisse.*
∗ **'Charlotte' :** *à chair ferme de très bonne qualité gustative.*
∗ **'Franceline' :** *à chair ferme de très bonne qualité gustative.*
∗ **'Linzer Delikatesse' :** *à chair ferme, très bonne tenue à la cuisson.*
∗ **'Manon' :** *à chair farineuse de très bonne qualité.*
∗ **'Ratte' :** *à chair ferme et jaune, très bon goût.*
∗ **'Roseval' :** *peau rouge, à chair jaune et ferme.*
∗ **'Vitelotte noire' :** *variété ancienne à la peau et à la chair violacée, farineuse, tardive.*

Pour une culture réussie

Plantation : les pommes de terre primeurs se plantent en février et en mars, tandis que celles de conservation doivent attendre avril et mai, en commençant par les plus tardives. Dans tous les cas, il est vivement conseillé d'attendre la fin des dernières gelées pour procéder à toute plantation.

Sol et exposition : la pomme de terre apprécie un sol profond, meuble et riche en humus, ainsi qu'une exposition ensoleillée.

Entretien : un binage quelques jours après la levée est le bienvenu. Dès que les plants ont atteint une quinzaine de centimètres de hauteur, il faut les butter en ramenant la terre autour des tiges de manière à les enterrer. Cette opération a notamment pour but de favoriser un bon enracinement, mais aussi une bonne tenue des tiges.

Récolte : la récolte des pommes de terre primeurs doit être réalisée avant complète maturité, tout juste après la floraison, c'est-à-dire deux à trois mois après la plantation (entre la mi-avril et le mois de juin). De leur côté, les pommes de terre de conservation se récoltent dès que le feuillage est sec, soit quatre à cinq mois après la plantation.

Plantes amies et ennemies

Si les pommes de terre jouent la carte de l'harmonie avec quelques rares autres plantes (les échalotes, les fèves, les pois, les choux et les haricots), elles redoutent par contre la proximité d'un très grand nombre de végétaux : les tomates, les courges, les betteraves, les concombres, les poivrons, les carottes, les oignons, les céleris et les melons.

Jardinage avec la Lune

La préparation et l'enrichissement du sol, la plantation, l'entretien et la récolte s'effectuent en lune descendante, devant la constellation de la Vierge.

Ennemis et maladies

Les doryphores sont bien sûr les plus célèbres ennemis de la pomme de terre. Mais les taupins le sont également. Par ailleurs, elle redoute aussi le mildiou et la rouille.

Radis

(*Raphanus sativus*)

Connu depuis fort longtemps, le radis était déjà cultivé il y a plus de 5 000 ans. Les Grecs et les Romains de l'Antiquité le consommaient, tandis que les populations du Moyen Âge l'appréciaient pour ses vertus thérapeutiques.

Semis : **avril à septembre**

Récolte : **mai à novembre**

Pour une culture réussie

Semis : on distingue les radis d'hiver, les radis d'été et d'automne, et les radis de tous les mois. Ces derniers se sèment presque toute l'année, surtout de févier à octobre (sous tunnel ou châssis au cours des mois les plus froids). L'éclaircissage intervient dix à quinze jours plus tard.

Sol et exposition : le radis demande une terre fraîche et un emplacement ensoleillé. Il apprécie les terres humifères (mais pas de fumures récentes). Débarrassez le sol des cailloux qui pourraient déformer les racines.

Entretien : un sol désherbé et aéré est essentiel, de même que des arrosages limitant le goût piquant des racines.

Récolte : la récolte intervient un mois après le semis, au fur et à mesure des besoins et en commençant par les plus belles racines.

Plantes amies et ennemies

Le radis n'apprécie pas la présence des choux, des courges, du concombre, du cerfeuil et du navet, mais accepte le voisinage de la betterave, de la carotte, du céleri, de l'épinard, de la fève, du haricot, de la laitue, du pois et de la tomate.

Jardinage avec la Lune

La préparation et l'enrichissement du sol, l'éclaircissage, l'entretien et la récolte doivent être effectués en lune descendante, lorsque celle-ci passe devant la constellation de la Vierge. Le semis doit être effectué en lune ascendante, lorsque celle-ci passe devant les constellations du Capricorne et du Taureau. La multiplication doit être effectuée en lune ascendante, lorsque celle-ci passe devant les constellations du Bélier et du Sagittaire.

Les meilleures variétés

* **De tous les mois :** *'À forcer rond écarlate' ; 'Comanche', 'De 18 jours', demi-long, rouge et blanc ; 'Flamboyant', demi-long ; 'Rond écarlate'.*
* **D'été et d'automne :** *'Blanche', racine blanche, récolte 30 jours après le semis ; 'Jaune d'or ovale', 6 cm de diamètre, récolte 35 jours après le semis ; 'De 5 semaines rose', doux, rose.*
* **D'hiver :** *'Noir gros long d'hiver de Paris', noir, grosse racine, piquant ; 'Rose de Chine', longue racine de 12 cm, redoute la sécheresse, saveur piquante ; 'Violet de Gournay', grosse racine cylindrique, assez doux.*

Ennemis et maladies

Altises et limaces sont les seuls ennemis du radis.

Rhubarbe

(Rheum rhaponticum)

La rhubarbe est probablement le seul végétal originaire d'Ukraine. La plante fut tout d'abord utilisée à des fins médicinales et thérapeutiques avant de conquérir les cuisines. Cette plante-feuille nécessite une certaine prudence : si ses tiges sont délicieuses en compotes ou en tartes, ses feuilles sont toxiques.

Semis : **mars-avril, septembre-octobre**

Récolte : **mai-juin, septembre-octobre**

Les meilleures variétés

* **'À cardes blanches' :** *aux pétioles rouge vif.*
* **'Valentine' :** *à pétioles rouges, résistante à la sécheresse.*

Pour une culture réussie

Plantation : la plantation doit être réalisée au printemps ou en automne, dans un sol bien ameubli préalablement.

Sol et exposition : le sol doit être profond et frais, non calcaire, riche en matières organiques. La rhubarbe apprécie une exposition ensoleillée et préfère les climats frais. Elle craint les fortes chaleurs.

Entretien : binages et arrosages par temps sec sont toujours utiles, surtout dans l'année qui suit la plantation. Le sol peut aussi être paillé dès que la hauteur des tiges le permet. Un apport annuel de compost autour des souches (au moment où les tiges sortent de terre) est vivement conseillé.

Récolte : la récolte s'effectue environ un an après la plantation. Il n'est jamais bon de cueillir tous les pétioles en même temps. Il est plus prudent de laisser les plus petits en place afin de favoriser l'apparition de nouveaux pétioles.

Plantes amies et ennemies

Si la rhubarbe ne connaît pas véritablement de plantes ennemies, il est toujours préférable de l'éloigner des autres végétaux. En effet, elle peut créer des zones d'ombre qui ne sont pas toujours appréciées par les plantes voisines.

Jardinage avec la Lune

La préparation et l'enrichissement du sol, la plantation, l'entretien et la multiplication doivent être effectués en lune descendante, devant le Cancer et le Scorpion. La récolte est réalisée en lune ascendante, quand celle-ci passe devant la constellation des Poissons.

Ennemis et maladies

La rhubarbe est une plante assez robuste. Tout juste peut-elle parfois être atteinte de rouille.

Tomate

(Lycopersicon esculentum)

La tomate n'a pas toujours arboré cette superbe couleur rouge. Jadis, elle était jaune, ce qui explique le surnom que lui donnaient les Italiens : « pomme d'or ». Si elle est souvent associée aux climats doux, voire chauds, il faut tout de même savoir que, jadis, les Incas la cultivaient en altitude.

Pour une culture réussie

Semis et repiquage : les semis sont généralement effectués en février et en mars, en mini-serre. Le repiquage intervient environ deux semaines après la levée, lorsque les plants présentent deux ou trois belles feuilles. Les tomates s'installent au jardin dès le mois d'avril dans les régions bénéficiant d'un climat doux, ou après les saints de glace (à la mi-mai) dans les autres zones.

Sol et exposition : la tomate demande un sol riche en compost, peu argileux, et une exposition ensoleillée.

Entretien : binages, désherbages et arrosages (uniquement au pied des plants, sans mouiller les feuilles) sont à réaliser en fonction des besoins. Les plants doivent être attachés à un tuteur, notamment au niveau des bouquets de fruits afin de bien les soutenir. Les gourmands seront éliminés à la main, le plus tôt possible (au besoin, agissez plusieurs fois par semaine).

Récolte : la récolte débute vers la mi-juin et dure jusqu'aux premières gelées. Elle s'effectue au fur et à mesure du développement des fruits.

Plantes amies et ennemies

La tomate joue la carte de l'accord parfait avec de nombreuses autres plantes : les choux, l'ail, les carottes, l'oignon et l'échalote, les radis, les épinards, le basilic, les céleris, le persil… mais aussi les œillets d'Inde et les soucis. Par contre, elle apprécie relativement peu la proximité des courges, des betteraves, des pommes de terre et des concombres.

Jardinage avec la Lune

La préparation et l'enrichissement du sol, le repiquage, la plantation, l'entretien et la taille doivent être réalisés en lune descendante, devant la constellation du Lion. Le semis, la multiplication et la récolte sont effectués en lune ascendante, lorsque celle-ci passe devant les constellations du Bélier et du Sagittaire.

Ennemis et maladies

Les pucerons sont ses plus redoutables ennemis. Elle craint aussi le mildiou.

Semis : **février-mars**

Récolte : **juin à octobre**

Les meilleures variétés

* **Hâtives :** *'Cerise rouge', tomates-cerises en grappes ; 'Délice du jardinier', tomates-cerises en grappes ; 'Fandango', F1, fruits ronds plus gros ; 'Marmande', gros fruits rouges parfumés ; 'So Gold', fruits jaune-orangé de taille moyenne, en grappes.*
* **Mi-saison :** *'Big Rainbow', gros fruits tricolores ; 'Green Zebra', fruits verts ronds ; 'New Zealand Pear', fruits roses de taille moyenne ; 'Noire de Crimée', fruits rouge sombre de taille moyenne ; 'Roma', fruits petits et allongés ; 'Saint-Pierre', fruits rouges de taille moyenne ; 'Sweet 100', très petits fruits fermes en grappes.*
* **Tardives :** *'Ananas', gros fruits ovales à la chair orange ; 'Cœur de bœuf', fruits de taille moyenne à chair rouge ; 'Pyros', F1, fruits rouges de taille moyenne.*

Calendrier lunaire
mars 2021 à février 2022

Comprendre et utiliser les tableaux lunaires hebdomadaires

Nos tableaux sont fondés sur le cycle périodique lunaire (lune montante-descendante) difficile à observer de visu, ainsi que sur l'influence des constellations au moment où la lune passe devant elles. Notons qu'il s'agit des douze constellations « classiques ». Ce qui exclut les autres (Orion, Sextant…), cependant répertoriées par les astronomes.

Les quatre éléments en rapport avec les quatre parties des plantes

Ces constellations zodiacales ont une symbolique comparable à celles des signes du zodiaque astrologique. On distingue les signes de terre (Capricorne, Taureau, Vierge), les signes d'eau (Poissons, Cancer, Scorpion), les signes d'air (Gémeaux, Balance, Verseau) et les signes de feu (Sagittaire, Bélier, Lion). Ces quatre éléments sont mis en relation avec les quatre parties des plantes, racines, feuilles, fleurs et fruits. Lorsque la lune passe devant la constellation du Bélier, par exemple, signe de feu associé à la fructification, les légumes cultivés pour leurs fruits sont favorisés. Cela est signalé dans le tableau sous la dénomination de « jour fruit » à chaque fois que la lune passe devant cette constellation, c'est-à-dire plusieurs fois par mois.

Jour racine

Jour feuille

Jour fruit

Jour fleur

Par ailleurs, l'influence des constellations se combine avec le mouvement apparent de la lune dans le ciel, montant ou descendant. Le mouvement montant favorise les semis, le mouvement descendant est bénéfique aux plantations et aux repiquages. Ainsi, on sèmera les carottes (légume-racine) en lune montante et les jours racine, lorsque la lune passe devant la constellation du Capricorne, du Taureau ou de la Vierge.

Bien sûr, ces mouvements de la lune ne correspondent pas exactement avec notre calendrier en jours, semaines et mois. Il se peut, par exemple, qu'un dimanche commence en jour feuille et se poursuive en jour fruit.

Les horaires sont établis à la minute près. On doit tenir compte de l'éloignement du jardin par rapport au méridien de Greenwich, situé dans le tiers ouest de la France. Le jardinier brestois devrait retrancher 18 min aux mentions horaires des tableaux ci-après, alors que celui de Strasbourg devrait ajouter une demi-heure. Il faut donc relativiser les horaires des semis et des plantations. Bien entendu, nous avons tenu compte des passages à l'heure d'été et à l'heure d'hiver.

Les périodes lunaires néfastes

Il est tenu compte de certaines particularités du mouvement de la lune. À savoir l'apogée, où la lune se trouve la plus éloignée de la Terre, et le périgée, où au contraire elle est la plus proche. Mais aussi des nœuds lunaires, ascendant et descendant. L'existence de ces perturbations ou leur intensité étant assez discutées, nous avons adopté la période de 5 h avant et 5 h après ces épisodes, pendant lesquels il faut éviter le jardinage, délai qui est le plus généralement retenu. D'autres spécialistes peuvent conseiller de ne pas jardiner pendant 12 h, voire 24 h. Nombre de jardiniers qui suivent un calendrier lunaire ne tiennent pas compte de ces périodes néfastes : nous avons placé celles-ci à part dans les tableaux hebdomadaires, avec une indication de plus ou moins 5 h « environ ».

Le rythme croissant-décroissant

Nous avons mentionné le rythme le plus connu de la lune, croissant-décroissant. Toutefois, il faut savoir qu'il est difficile de tenir compte en même temps des deux cycles lunaires ainsi que des passages devant les constellations.

Par exemple : il est parfois conseillé de planter les arbres fruitiers en lune à la fois descendante et croissante. Or une période favorable dans l'un des cycles ne l'est pas forcément dans l'autre. Ce qui peut amener à repousser sans cesse la plantation. Sans doute, on trouvera en janvier ou février de l'année suivante le « créneau » parfait. Le bon sens commande toutefois qu'en octobre ou en novembre, quand le temps n'est généralement pas encore très froid, on se trouve dans une période propice pour planter un arbre qui aura tout le temps de s'installer avant de démarrer au printemps.

Certains vont jusqu'à vouloir concilier les deux phases de la lune avec les marées. Pour continuer notre exemple, il faudrait alors planter un pommier en lune descendante et décroissante, en marée montante, ou alors en lune descendante et décroissante, en marée descendante. Un vrai casse-tête !

Périodes de semis et de plantations

Plusieurs périodes de semis et de plantations sont suggérées : au jardinier de choisir les plus adaptées à son climat, à l'avancement de la végétation, à la météo... Nous n'avons pas mentionné systématiquement les périodes de repiquages correspondant aux semis, ni les périodes de récoltes en fonction des plantations.

D'une manière générale, il faut savoir que l'on doit semer en lune montante, repiquer et planter en lune descendante, si possible dans le jour (fruit, racine, feuille, fleur) correspondant au type de légume.

Pour les récoltes, on fait si possible celles des légumes-feuilles et des fruits (ainsi que les grains) en lune montante. Alors que les légumes-racines sont à récolter en lune descendante.

Le travail du sol se fait en lune descendante, en jours racine si possible.

Lune rousse, saints de glace

Beaucoup de jardiniers tiennent plus ou moins compte de ces périodes traditionnelles, les unes fixes (les fameux saints de glace), les autres mobiles (la période de lune dite « rousse », car elle pourrait roussir les plantules) sont fonction de la date de Pâques, variable d'une année sur l'autre. Nous les avons mentionnées.

De même, nous avons choisi pour chaque semaine un dicton souvent lié à la fête d'un saint : on sait que ces dictons avaient souvent une fonction mnémotechnique pour se rappeler certains travaux.

Enfin, une partie « Ne pas oublier » rappelle ou suggère certains travaux qui n'ont pas de lien avec les phases lunaires : par exemple, protéger le robinet d'eau du jardin avant que de grosses gelées ne l'endommagent !

1 **Date**

2 **Cycles lunaires**

- Lune décroissante
- Lune croissante
- Lune montante
- Lune descendante
- Pleine lune
- Dernier quartier (lune décroissante)
- Nouvelle lune
- Premier quartier (lune croissante)

Événements lunaires

ND	Nœud descendant
NA	Nœud ascendant
A	Apogée
P	Périgée

3 **Horaires de lever et de coucher de la lune**

4 **Symboles végétaux**

- Jour racine
- Jour feuille
- Jour fruit
- Jour fleur

5 **Constellations du zodiaque dans lesquelles passe la lune**

♈ Bélier ♉ Taureau ♊ Gémeaux ♋ Cancer ♌ Lion ♍ Vierge ♎ Balance ♏ Scorpion ♐ Sagittaire ♑ Capricorne ♒ Verseau ♓ Poissons

Travaux de jardinage à effectuer selon la position de la lune

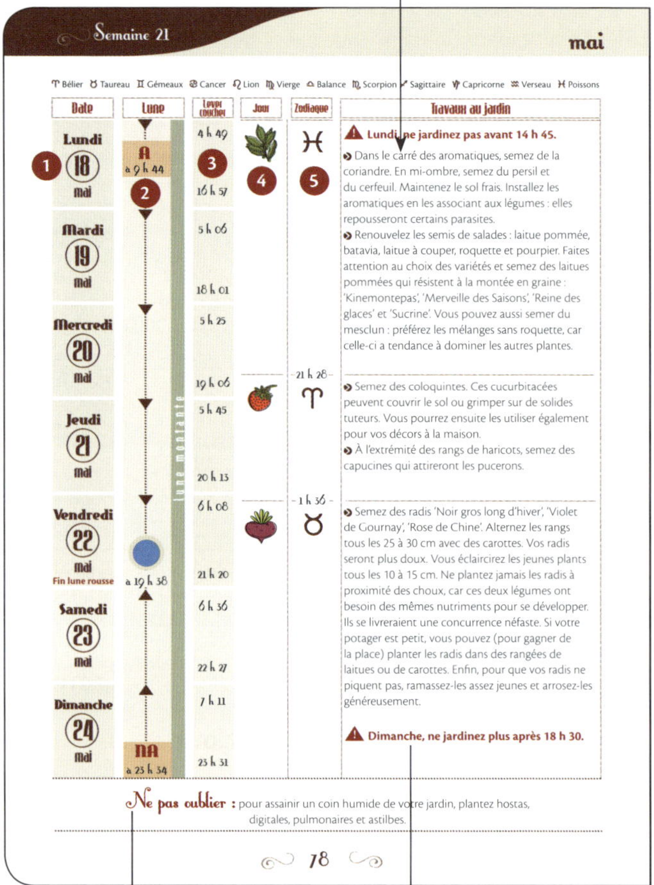
Semaine 21 — mai

♈ Bélier ♉ Taureau ♊ Gémeaux ♋ Cancer ♌ Lion ♍ Vierge ♎ Balance ♏ Scorpion ♐ Sagittaire ♑ Capricorne ♒ Verseau ♓ Poissons

Date	Lune	Lever coucher	Jour	Zodiaque	Travaux au jardin
Lundi 18 mai	A à 9 h 44	4 h 49 / 16 h 57	feuille	♓	⚠ Lundi, ne jardinez pas avant 14 h 45. Dans le carré des aromatiques, semez de la coriandre. En mi-ombre, semez du persil et du cerfeuil. Maintenez le sol frais. Installez les aromatiques en les associant aux légumes : elles repousseront certains parasites. Renouvelez les semis de salades : laitue pommée, batavia, laitue à couper, roquette et pourpier. Faites attention au choix des variétés et semez des laitues pommées qui résistent à la montée en graine : 'Kinemontepas', 'Merveille des Saisons', 'Reine des glaces' et 'Sucrine'. Vous pouvez aussi semer du mesclun : préférez les mélanges sans roquette, car celle-ci a tendance à dominer les autres plantes.
Mardi 19 mai		5 h 06 / 18 h 01			
Mercredi 20 mai		5 h 25 / 19 h 06	fruit	- 21 h 28 - ♈	Semez des coloquintes. Ces cucurbitacées peuvent couvrir le sol ou grimper sur de solides tuteurs. Vous pourrez ensuite les utiliser également pour vos décors à la maison. À l'extrémité des rangs de haricots, semez des capucines qui attireront les pucerons.
Jeudi 21 mai		5 h 45 / 20 h 13			
Vendredi 22 mai Fin lune rousse	à 19 h 38	6 h 08 / 21 h 20	racine	- 1 h 36 - ♉	Semez des radis 'Noir gros long d'hiver', 'Violet de Gournay', 'Rose de Chine'. Alternez les rangs tous les 25 à 30 cm avec des carottes. Vos radis seront plus doux. Vous éclaircirez les jeunes plants tous les 10 à 15 cm. Ne plantez jamais les radis à proximité des choux, car ces deux légumes ont besoin des mêmes nutriments pour se développer. Ils se livreraient une concurrence néfaste. Si votre potager est petit, vous pouvez (pour gagner de la place) planter les radis dans des rangées de laitues ou de carottes. Enfin, pour que vos radis ne piquent pas, ramassez-les assez jeunes et arrosez-les généreusement.
Samedi 23 mai		6 h 36 / 22 h 27			
Dimanche 24 mai	NA à 23 h 34	7 h 11 / 23 h 31			⚠ Dimanche, ne jardinez plus après 18 h 30.

lune montante

Ne pas oublier : pour assainir un coin humide de votre jardin, plantez hostas, digitales, pulmonaires et astilbes.

78

Travaux du jardin à ne pas négliger

Période néfaste pour le jardinage

Rappel du mois

Rappel de la semaine

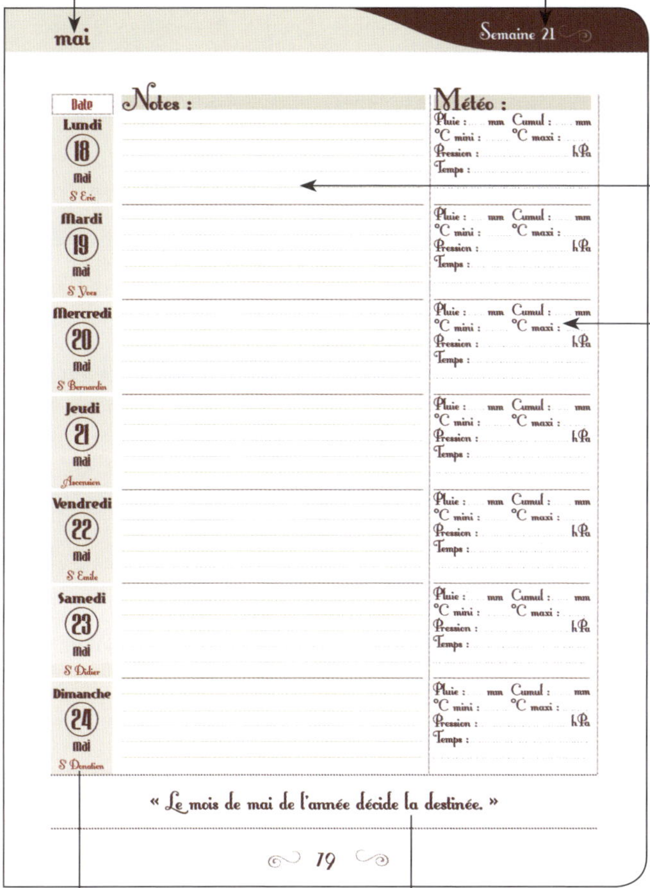
mai

Semaine 21

Date	Notes :	Météo :
Lundi 18 mai St Éric		Pluie : mm Cumul : mm °C mini : °C maxi : Pression : hPa Temps :
Mardi 19 mai St Yves		Pluie : mm Cumul : mm °C mini : °C maxi : Pression : hPa Temps :
Mercredi 20 mai St Bernardin		Pluie : mm Cumul : mm °C mini : °C maxi : Pression : hPa Temps :
Jeudi 21 mai Ascension		Pluie : mm Cumul : mm °C mini : °C maxi : Pression : hPa Temps :
Vendredi 22 mai St Émile		Pluie : mm Cumul : mm °C mini : °C maxi : Pression : hPa Temps :
Samedi 23 mai St Didier		Pluie : mm Cumul : mm °C mini : °C maxi : Pression : hPa Temps :
Dimanche 24 mai St Donatien		Pluie : mm Cumul : mm °C mini : °C maxi : Pression : hPa Temps :

« Le mois de mai de l'année décide la destinée. »

19

Notes personnelles

Carnet météo

- Niveau des précipitations
- Températures minimales et maximales
- Pression
- Temps général (brumeux, ensoleillé, pluvieux...)

Saint à fêter

Le dicton de la semaine

♈ Bélier ♉ Taureau ♊ Gémeaux ♋ Cancer ♌ Lion ♍ Vierge ♎ Balance ♏ Scorpion ♐ Sagittaire ♑ Capricorne ♒ Verseau ♓ Poissons

Date	Lune	Lever coucher	Jour	Zodiaque	Travaux au jardin
Lundi 1er mars	Lune descendante	21 h 25 / 8 h 52		♍	Préparez les massifs à terre de bruyère. Les plantes de terre de bruyère aiment les sols acides, frais et correctement drainés, mais elles ne supportent pas la présence de calcaire. Généralement, ces plantes n'apprécient pas le soleil direct et se plaisent pour la majorité d'entre elles à la mi-ombre. Dans cette catégorie, on retrouve les bruyères d'été et d'hiver, l'érable du Japon, l'azalée, les hortensias, le camélia, la gaulthérie, le rhododendron, le magnolia…
Mardi 2 mars	P à 6 h 17	22 h 47 / 9 h 13		♍	**Mardi, ne jardinez pas avant 11 h 20.**
Mercredi 3 mars		- / 9 h 35		9 h 13 ♎	Taillez les hortensias et autres hydrangeas en supprimant les tiges qui ont fleuri l'année dernière, juste au-dessus d'un gros bourgeon vert (ce bourgeon produira un rameau à fleurs). Profitez-en pour éliminer le vieux bois, ainsi que les rameaux secs (ceux qui n'ont pas produit de bourgeon), en particulier au centre des touffes.
Jeudi 4 mars		0 h 10 / 10 h 00		♎	
Vendredi 5 mars		1 h 31 / 10 h 31		4 h 17 ♏	Taillez les bordures de buis. Pour une belle taille, utilisez un cordeau disposé à l'endroit de la taille et qui vous servira de guide. Pour que le buis reste vert, taillez à la cisaille la moitié des nouvelles pousses. La plante continuera à s'étoffer tout en restant verte.
Samedi 6 mars	ND à 1 h 55; à 2 h 30	2 h 50 / 11 h 10		♏	**Samedi, ne jardinez pas avant 6 h.**
Dimanche 7 mars	l. m. 21 h 40	4 h 02 / 11 h 58		21 h 20 ♐	En lune descendante et s'il ne gèle pas, taillez les fruitiers palissés à trois yeux pour favoriser une bonne fructification. Intervenez sur les pommiers, pêchers, poiriers et abricotiers.

Ne pas oublier : commandez vos bulbes et vos graines de fleurs pour l'été.

Date	Notes :	Météo :
Lundi 1er mars St Aubin		Pluie : ...... mm Cumul : ...... mm °C mini : .... °C maxi : .... Pression : .... hPa Temps : ....
Mardi 2 mars St Charles le Bon		Pluie : ...... mm Cumul : ...... mm °C mini : .... °C maxi : .... Pression : .... hPa Temps : ....
Mercredi 3 mars St Guénolé		Pluie : ...... mm Cumul : ...... mm °C mini : .... °C maxi : .... Pression : .... hPa Temps : ....
Jeudi 4 mars St Casimir		Pluie : ...... mm Cumul : ...... mm °C mini : .... °C maxi : .... Pression : .... hPa Temps : ....
Vendredi 5 mars Ste Olive		Pluie : ...... mm Cumul : ...... mm °C mini : .... °C maxi : .... Pression : .... hPa Temps : ....
Samedi 6 mars Ste Colette		Pluie : ...... mm Cumul : ...... mm °C mini : .... °C maxi : .... Pression : .... hPa Temps : ....
Dimanche 7 mars Ste Félicité		Pluie : ...... mm Cumul : ...... mm °C mini : .... °C maxi : .... Pression : .... hPa Temps : ....

« Quand il pleut à la Saint-Aubin, l'eau est plus chère que le vin. »

♈ Bélier ♉ Taureau ♊ Gémeaux ♋ Cancer ♌ Lion ♍ Vierge ♎ Balance ♏ Scorpion ♐ Sagittaire ♑ Capricorne ♒ Verseau ♓ Poissons

Date	Lune	Lever coucher	Jour	Zodiaque	Travaux au jardin
Lundi 8 mars	▼ lune montante	5 h 03 – 12 h 58		♐	Greffez les arbres fruitiers en fente et en incrustation avec les greffons prélevés entre décembre et février. Positionnez bien les greffons, ligaturez et mastiquez.
Mardi 9 mars	▼ lune montante	5 h 51 – 14 h 06		7 h 17 ♑	Multipliez les souches de cognassiers du Japon, de yuccas, d'asters, de pieds d'alouette, de phlox, de rudbeckias… Plantez les dahlias en ajoutant de la cendre de bois. Enfouissez les engrais verts et, notamment, le trèfle incarnat pour enrichir et améliorer le sol. Semez des oignons de couleur en rangs larges, espacés de 30 à 40 cm et à 1 ou 2 cm de profondeur. Vous les éclaircirez ensuite tous les 15 à 20 cm. La récolte est prévue dans le courant de l'été.
Mercredi 10 mars	▼ lune montante	6 h 29 – 15 h 18			
Jeudi 11 mars	▼ lune montante	6 h 58 – 16 h 31		8 h 25 ♒	Taillez les mimosas. Originaire d'Australie et classé comme arbuste décoratif méditerranéen, le mimosa (*Acacia dealbata* et autres espèces) appartient à la famille des légumineuses. Le mimosa présente deux formidables atouts : la rapidité de sa croissance et une très grande longévité. Tablez sur une croissance comprise entre 30 à 60 cm par an et une longévité pouvant aller jusqu'à 30 ou 40 ans (si son grand ennemi – le gel – ne le terrasse pas avant). Comptez 3 à 10 mètres de haut, ainsi que 2 à 4 mètres d'étalement. Semez des annuelles rustiques telles que les immortelles, les pieds d'alouette, les nigelles… pour garnir les plates-bandes fleuries à peu de frais.
Vendredi 12 mars	▼ lune montante	7 h 21 – 17 h 43			
Samedi 13 mars	▼ ● à 11 h 21	7 h 40 – 18 h 53		19 h 17 ♓	Attention aux gelées tardives ! Le soir, protégez vos semis et vos fleurs les plus fragiles en utilisant du papier journal.
Dimanche 14 mars	▲	7 h 58 – 20 h 00			

Ne pas oublier : arrachez les mauvaises herbes au pied des arbustes plantés cet hiver.

Date	Notes :	Météo :
Lundi 8 mars St Jean de Dieu		Pluie : ...... mm Cumul : ...... mm °C mini : .... °C maxi : .... Pression : .... hPa Temps : ....
Mardi 9 mars Ste Françoise		Pluie : ...... mm Cumul : ...... mm °C mini : .... °C maxi : .... Pression : .... hPa Temps : ....
Mercredi 10 mars St Vivien		Pluie : ...... mm Cumul : ...... mm °C mini : .... °C maxi : .... Pression : .... hPa Temps : ....
Jeudi 11 mars Ste Rosine		Pluie : ...... mm Cumul : ...... mm °C mini : .... °C maxi : .... Pression : .... hPa Temps : ....
Vendredi 12 mars Ste Justine		Pluie : ...... mm Cumul : ...... mm °C mini : .... °C maxi : .... Pression : .... hPa Temps : ....
Samedi 13 mars St Rodrique		Pluie : ...... mm Cumul : ...... mm °C mini : .... °C maxi : .... Pression : .... hPa Temps : ....
Dimanche 14 mars Ste Mathilde		Pluie : ...... mm Cumul : ...... mm °C mini : .... °C maxi : .... Pression : .... hPa Temps : ....

« Brouillard en mars, gelée en mai. »

♈ Bélier ♉ Taureau ♊ Gémeaux ♋ Cancer ♌ Lion ♍ Vierge ♎ Balance ♏ Scorpion ♐ Sagittaire ♑ Capricorne ♒ Verseau ♓ Poissons

Date	Lune	Lever coucher	Jour	Zodiaque
Lundi 15 mars	▲ Lune montante	8 h 14 / 21 h 07		♓
Mardi 16 mars	▲ Lune montante	8 h 31 / 22 h 13		23 h 57
Mercredi 17 mars	▲ Lune montante	8 h 49 / 23 h 19		♈
Jeudi 18 mars	▲ A à 6 h 02	9 h 10 / –		10 h 59 ♉
Vendredi 19 mars	▲ Lune montante	9 h 34 / 0 h 25		
Samedi 20 mars Équinoxe	▲ NA à 4 h 30	10 h 05 / 1 h 31		
Dimanche 21 mars	▲ Premier quartier à 15 h 40	10 h 43 / 2 h 33		14 h 11 ♊

Travaux au jardin

♓ (Lundi 15 – Mardi 16)

- Semez la pelouse en croisant vos passages, dans une terre bien préparée et ratissée. Plombez le semis au rouleau. Arrosez jusqu'au moment de la levée. Pour les pelouses dégradées, il existe des mélanges « spécial regarnissage » qui donnent de très bons résultats bien qu'étant un peu plus onéreux.

♈ (Mardi 16, 23 h 57 – Jeudi 18, 10 h 59)

- Greffez les arbres fruitiers (pommiers, abricotiers, pruniers et poiriers) en fente et en incrustation, avec les greffons préalablement prélevés entre décembre et février. Veillez à bien positionner les greffons. Ligaturez et mastiquez.

⚠ **Jeudi, ne jardinez pas avant 11 h 05.**

♉ (Jeudi 18, 10 h 59 – Dimanche 21, 14 h 11)

- En pépinière, semez des poireaux 'Gros Long d'Été', 'Jaune Gros du Poitou' et 'Malabar'. Il faudra éclaircir les jeunes plants tous les 5 cm.
- En place et en rangs espacés d'une trentaine de centimètres, semez des carottes 'de Meaux', 'de Colmar' ou 'Nantaise Améliorée'.
- Semez des radis de tous les mois 'National', 'Bamba', 'Gaudry 2' ou 'Flamboyant', sous châssis ou sous tunnel. Pour qu'ils ne soient pas filiformes, semez des radis demi-longs à un bon centimètre de profondeur. Vous pouvez aussi les semer en mélange avec des carottes demi-longues.

⚠ **Samedi, ne jardinez pas avant 9 h 30.**

- Semez en pleine terre les premières betteraves, de préférence en poquets de trois graines. Il faudra ensuite les éclaircir.

♊ (Dimanche 21, à partir de 14 h 11)

- Repiquez les bégonias semés en janvier.

Ne pas oublier : tuteurez solidement les nouveaux arbres fruitiers.

Date	Notes :	Météo :
Lundi 15 mars Ste Louise		Pluie : ...... mm Cumul : ...... mm °C mini : .... °C maxi : .... Pression : .... hPa Temps : ....
Mardi 16 mars Ste Bénédicte		Pluie : ...... mm Cumul : ...... mm °C mini : .... °C maxi : .... Pression : .... hPa Temps : ....
Mercredi 17 mars St Patrice		Pluie : ...... mm Cumul : ...... mm °C mini : .... °C maxi : .... Pression : .... hPa Temps : ....
Jeudi 18 mars St Cyrille		Pluie : ...... mm Cumul : ...... mm °C mini : .... °C maxi : .... Pression : .... hPa Temps : ....
Vendredi 19 mars St Joseph		Pluie : ...... mm Cumul : ...... mm °C mini : .... °C maxi : .... Pression : .... hPa Temps : ....
Samedi 20 mars Printemps		Pluie : ...... mm Cumul : ...... mm °C mini : .... °C maxi : .... Pression : .... hPa Temps : ....
Dimanche 21 mars Ste Clémence		Pluie : ...... mm Cumul : ...... mm °C mini : .... °C maxi : .... Pression : .... hPa Temps : ....

« En mars quand il fait beau, prends ton manteau. »

♈ Bélier ♉ Taureau ♊ Gémeaux ♋ Cancer ♌ Lion ♍ Vierge ♎ Balance ♏ Scorpion ♐ Sagittaire ♑ Capricorne ♒ Verseau ♓ Poissons

Date	Lune	Lever / coucher	Zodiaque
Lundi 22 mars	L. m. jusqu'à 9 h 35, puis lune descendante	11 h 31 / 3 h 31	♊
Mardi 23 mars	lune descendante	12 h 30 / 4 h 22	♊, puis ♋ à 18 h 29
Mercredi 24 mars	lune descendante	13 h 39 / 5 h 04	♋
Jeudi 25 mars	lune descendante	14 h 54 / 5 h 38	♌ à 5 h 36
Vendredi 26 mars	lune descendante	16 h 13 / 6 h 07	♌
Samedi 27 mars	lune descendante	17 h 35 / 6 h 31	♌, puis ♍ à 17 h 18
Dimanche 28 mars	lune descendante ; pleine lune à 20 h 48	19 h 58 / 7 h 53	♍

Travaux au jardin

- Éclaircissez les impatiens semées en février. L'impatiens est une plante qui fait merveille dans les jardins ombragés. Caractérisée par un port compact et une hauteur modeste, l'impatiens arbore des fleurs multicolores (rouge, rose, saumon, orange, lavande ou blanc) qui s'ouvrent en été.

- Pour les haies, vos arbustes à feuilles caduques doivent être plantés avant la fin du mois de mars. N'oubliez pas un mètre afin de vérifier le bon espacement entre chaque arbuste, ainsi qu'un cordeau pour assurer un parfait alignement.

- Prélevez les drageons des rosiers et des lilas. Le drageon est une pousse qui se développe au départ d'un bourgeon positionné sur une racine, à une distance plus ou moins éloignée du pied mère, qui devient autonome et se comporte comme le végétal d'origine.
- Taillez les pêchers au début de leur floraison. Aérez la ramure et rapprochez la fructification vers le bas des arbres. Supprimez les rameaux qui ont fructifié l'année précédente. S'il n'est pas taillé, le pêcher vieillit prématurément et ne donne plus de fruits.
- Terminez la taille des arbres fruitiers.

- Le bois de chauffage doit être coupé en lune descendante, en évitant les jours les plus proches de la nouvelle lune. Ce bois sèchera mieux s'il est empilé en lune descendante entre le premier et le dernier quartier.

Ne pas oublier : commencez à arroser régulièrement les jeunes fruitiers plantés à l'automne dernier.

Date	Notes :	Météo :
Lundi 22 mars Ste Léa		Pluie : ...... mm Cumul : ...... mm °C mini : .... °C maxi : .... Pression : .... hPa Temps : ....
Mardi 23 mars St Victorien		Pluie : ...... mm Cumul : ...... mm °C mini : .... °C maxi : .... Pression : .... hPa Temps : ....
Mercredi 24 mars Ste Cath. de Suè.		Pluie : ...... mm Cumul : ...... mm °C mini : .... °C maxi : .... Pression : .... hPa Temps : ....
Jeudi 25 mars Annonciation		Pluie : ...... mm Cumul : ...... mm °C mini : .... °C maxi : .... Pression : .... hPa Temps : ....
Vendredi 26 mars Ste Larissa		Pluie : ...... mm Cumul : ...... mm °C mini : .... °C maxi : .... Pression : .... hPa Temps : ....
Samedi 27 mars St Habib		Pluie : ...... mm Cumul : ...... mm °C mini : .... °C maxi : .... Pression : .... hPa Temps : ....
Dimanche 28 mars Rameaux		Pluie : ...... mm Cumul : ...... mm °C mini : .... °C maxi : .... Pression : .... hPa Temps : ....

« Si mars commence en courroux, il finira tout doux. »

♈ Bélier ♉ Taureau ♊ Gémeaux ♋ Cancer ♌ Lion ♍ Vierge ♎ Balance ♏ Scorpion ♐ Sagittaire ♑ Capricorne ♒ Verseau ♓ Poissons

Date	Lune	Lever / coucher	Zodiaque
Lundi 29 mars	lune descendante	21 h 22 / 8 h 14	♍
Mardi 30 mars	P à 8 h 15 – lune descendante	22 h 47 / 8 h 36	♍ jusqu'à 18 h 52, puis ♎
Mercredi 31 mars	lune descendante	– / 9 h 00	♎
Jeudi 1er avril	lune descendante	0 h 13 / 9 h 29	♎ jusqu'à 12 h 29, puis ♏
Vendredi 2 avril	ND à 4 h 41 – lune descendante	1 h 37 / 10 h 06	♏
Samedi 3 avril	lune descendante	2 h 54 / 10 h 52	♏ jusqu'à 4 h 22, puis ♐
Dimanche 4 avril	lune descendante jusqu'à 4 h 03, puis l. mont. – Premier quartier à 12 h 02	4 h 00 / 11 h 50	♐

Travaux au jardin

- Coupez les arbres, sauf les résineux, destinés à la charpente et au bois d'extérieur. Le bois d'œuvre doit être coupé en lune descendante, sauf le dernier jour de cette période. Une exception : les piquets de clôtures en bois auront une plus longue durée de vie s'ils sont coupés à la nouvelle lune.

⚠ Mardi, ne jardinez pas avant 13 h 15.

- Plantez les arbustes de terre de bruyère (magnolias, hortensias, camélias, azalées de Chine…) qui reprennent bien en cette saison.
- Avant qu'ils ne fassent leurs bourgeons à fleurs, il est temps de tailler vos arbustes à floraison estivale.
- Plantez des glaïeuls, de mars à juin, pour avoir un beau jardin fleuri en été.

- Premières tontes de la pelouse ! N'oubliez pas de rouler le gazon jusqu'à la mi-juin. Tondez quand l'herbe est sèche, de 30 % plus haute que la taille conseillée (les graminées de climat froid doivent être maintenues à 6 ou 7 cm, celles de climat chaud à 2 ou 3 cm).

⚠ Vendredi, ne jardinez pas avant 9 h 45.

- En fonction de la place disponible, plantez des groseilliers, des cassissiers, des framboisiers et des fraisiers remontants. En terre acide, vous pouvez aussi installer des myrtilliers. Enrichissez le sol en compost. Mettez soigneusement en place et arrosez.

Ne pas oublier : pour éviter qu'ils soient envahis de pucerons, installez des colliers anti-fourmis à vos arbres fruitiers.

Date	Notes :	Météo :
Lundi 29 mars Ste Gwladys		Pluie : ...... mm Cumul : ...... mm °C mini : .... °C maxi : .... Pression : .... hPa Temps : ....
Mardi 30 mars St Amédée		Pluie : ...... mm Cumul : ...... mm °C mini : .... °C maxi : .... Pression : .... hPa Temps : ....
Mercredi 31 mars St Benjamin		Pluie : ...... mm Cumul : ...... mm °C mini : .... °C maxi : .... Pression : .... hPa Temps : ....
Jeudi 1er avril St Hugues		Pluie : ...... mm Cumul : ...... mm °C mini : .... °C maxi : .... Pression : .... hPa Temps : ....
Vendredi 2 avril Vendredi saint		Pluie : ...... mm Cumul : ...... mm °C mini : .... °C maxi : .... Pression : .... hPa Temps : ....
Samedi 3 avril St Richard		Pluie : ...... mm Cumul : ...... mm °C mini : .... °C maxi : .... Pression : .... hPa Temps : ....
Dimanche 4 avril Pâques		Pluie : ...... mm Cumul : ...... mm °C mini : .... °C maxi : .... Pression : .... hPa Temps : ....

« À la Saint-Benjamin, le mauvais temps prend fin. »

♈ Bélier ♉ Taureau ♊ Gémeaux ♋ Cancer ♌ Lion ♍ Vierge ♎ Balance ♏ Scorpion ♐ Sagittaire ♑ Capricorne ♒ Verseau ♓ Poissons

Date	Lune	Lever coucher	Jour	Zodiaque	Travaux au jardin
Lundi 5 avril	lune montante	4 h 52 / 12 h 56	 	♐ 13 h 36 ♑	➧ Derniers coups de sécateur pour les fruitiers à pépins : vignes, groseilliers… ➧ En règle générale, la matinée doit être réservée aux semis tandis que la soirée doit plutôt être consacrée aux repiquages. ➧ Multipliez les souches des yuccas, des pieds d'alouette, des cognassiers du Japon, des rudbeckias, des phlox, des asters… ➧ Plantez les dahlias en ajoutant de la cendre de bois. ➧ Ne négligez pas les carottes pour la production d'été et d'automne. En place, en rangs espacés d'une trentaine de centimètres, semez des carottes 'Nantaise Améliorée', 'de Colmar', 'de Meaux'.
Mardi 6 avril	lune montante	5 h 32 / 14 h 08			
Mercredi 7 avril	lune montante	6 h 03 / 15 h 21		15 h 00 ♒	➧ Semez en place des annuelles qui combleront les vides dans les bordures et les massifs. L'avantage des annuelles réside dans leur prix d'achat très raisonnable, mais aussi dans leur croissance rapide, leur longue floraison et leur facilité de culture. ➧ Semez des fleurs annuelles directement en place, en arrosant en pluie fine jusqu'à la levée. Vous disposez d'un très vaste choix : bleuets, immortelles, lavatères, clarkias, capucines, coquelicots, cosmos, pavots de Californie… ➧ Coupez les tulipes fanées. Ne déplantez les bulbes que lorsque les feuilles seront jaunies.
Jeudi 8 avril	lune montante	6 h 27 / 16 h 32			
Vendredi 9 avril	lune montante	6 h 47 / 17 h 42			
Samedi 10 avril	lune montante	7 h 05 / 18 h 49		2 h 39 ♓	➧ Semez les pelouses dans une terre préparée et ratissée, en croisant les passages. Plombez les semis au rouleau, arrosez jusqu'à la levée. Comme une pelouse est un investissement à long terme, privilégiez des semences de qualité. ➧ Pour les pelouses dégradées, il existe des mélanges « spécial regarnissage ». ➧ Semez en arrosant modérément avec un purin d'ortie. Si le temps est froid et le sol détrempé, il est inutile de semer : attendez que les conditions soient meilleures.
Dimanche 11 avril	lune montante	7 h 21 / 19 h 56			

Ne pas oublier : paillez tous les arbres et arbustes nouvellement plantés, en ménageant une large cuvette dans les régions à climat sec.

Date	Notes :	Météo :
Lundi 5 avril Lundi de Pâques		Pluie : ...... mm Cumul : ...... mm °C mini : .... °C maxi : .... Pression : .... hPa Temps : ....
Mardi 6 avril St Marcellin		Pluie : ...... mm Cumul : ...... mm °C mini : .... °C maxi : .... Pression : .... hPa Temps : ....
Mercredi 7 avril S J.-B. de la Salle		Pluie : ...... mm Cumul : ...... mm °C mini : .... °C maxi : .... Pression : .... hPa Temps : ....
Jeudi 8 avril Ste Julie		Pluie : ...... mm Cumul : ...... mm °C mini : .... °C maxi : .... Pression : .... hPa Temps : ....
Vendredi 9 avril St Gautier		Pluie : ...... mm Cumul : ...... mm °C mini : .... °C maxi : .... Pression : .... hPa Temps : ....
Samedi 10 avril St Fulbert		Pluie : ...... mm Cumul : ...... mm °C mini : .... °C maxi : .... Pression : .... hPa Temps : ....
Dimanche 11 avril St Stanislas		Pluie : ...... mm Cumul : ...... mm °C mini : .... °C maxi : .... Pression : .... hPa Temps : ....

« Avril fait la fleur, mai en a l'honneur. »

♈ Bélier ♉ Taureau ♊ Gémeaux ♋ Cancer ♌ Lion ♍ Vierge ♎ Balance ♏ Scorpion ♐ Sagittaire ♑ Capricorne ♒ Verseau ♓ Poissons

Date	Lune	Lever / coucher	Jour	Zodiaque	Travaux au jardin
Lundi 12 avril Lune rousse	à 4 h 30	7 h 37 / 21 h 02		♓	Semez le chou frisé très rustique. Il sera plus productif si vous le repiquez une fois avant la plantation définitive : cela favorisera le développement des racines.
Mardi 13 avril	lune montante	7 h 54 / 22 h 08		7 h 17 ♈	Replantez les boutures de groseilliers. Ce petit arbuste à enracinement superficiel aime tous les climats, toutes les terres et toutes les expositions. **Mardi, ne jardinez plus après 14 h 45.**
Mercredi 14 avril	A à 19 h 45	8 h 14 / 23 h 15			Greffez les fruitiers en couronne avec les greffons prélevés en hiver.
				18 h 52 ♉	Pour éliminer les déchets toxiques issus de la décomposition des feuilles, videz les trois quarts de votre bassin d'eau. Faites attention de ne pas éliminer les bourgeons de vos nénuphars, ni les escargots d'eau. Faites aussi attention aux poissons qui vivent dans votre bassin.
Jeudi 15 avril	lune montante	8 h 36 / –			
Vendredi 16 avril	NA à 7 h 52	9 h 04 / 0 h 21			**Vendredi, ne jardinez pas avant 13 h.** Semez des radis de tous les mois 'National', 'Bamba', 'Flamboyant' ou 'Gaudry 2'. Vous les planterez sous châssis ou sous tunnel. Il faut semer les radis demi-longs à un bon centimètre de profondeur pour qu'ils ne soient pas filiformes. Vous pouvez aussi les semer en mélange avec des carottes demi-longues.
Samedi 17 avril	lune montante	9 h 39 / 1 h 25			Continuez à planter les dahlias en ajoutant de la cendre de bois.
				22 h 19 ♊	Plantez les glaïeuls à une dizaine de centimètres de profondeur et à 20 cm de distance les uns des autres. Le glaïeul apprécie tous les types de sols, mais marque une préférence pour une situation ensoleillée.
Dimanche 18 avril	lune montante jusqu'à 18 h 01, puis l. d.	10 h 23 / 2 h 24		♊	

Ne pas oublier : en fonction de la température extérieure, aérez la serre.

Date	Notes :	Météo :
Lundi 12 avril St Jules		Pluie : ...... mm Cumul : ...... mm °C mini : .... °C maxi : .... Pression : .... hPa Temps : ....
Mardi 13 avril St Rodrigue		Pluie : ...... mm Cumul : ...... mm °C mini : .... °C maxi : .... Pression : .... hPa Temps : ....
Mercredi 14 avril St Maxime		Pluie : ...... mm Cumul : ...... mm °C mini : .... °C maxi : .... Pression : .... hPa Temps : ....
Jeudi 15 avril St Paterne		Pluie : ...... mm Cumul : ...... mm °C mini : .... °C maxi : .... Pression : .... hPa Temps : ....
Vendredi 16 avril St Benoît-Joseph		Pluie : ...... mm Cumul : ...... mm °C mini : .... °C maxi : .... Pression : .... hPa Temps : ....
Samedi 17 avril St Anicet		Pluie : ...... mm Cumul : ...... mm °C mini : .... °C maxi : .... Pression : .... hPa Temps : ....
Dimanche 18 avril St Parfait		Pluie : ...... mm Cumul : ...... mm °C mini : .... °C maxi : .... Pression : .... hPa Temps : ....

« Lune rousse sur la semence aura toujours mauvaise influence. »

♈ Bélier ♉ Taureau ♊ Gémeaux ♋ Cancer ♌ Lion ♍ Vierge ♎ Balance ♏ Scorpion ♐ Sagittaire ♑ Capricorne ♒ Verseau ♓ Poissons

Date	Lune	Lever coucher	Jour	Zodiaque	Travaux au jardin
Lundi 19 avril	Lune descendante	11 h 16 3 h 17		♊	» En région douce, installez les dahlias. » Repiquez en godets les impatiens semées au mois de mars. » Installez les vivaces en godets et les arbustes à fleurs en conteneurs.
Mardi 20 avril	à 8 h 58	12 h 20 4 h 01		3 h 31 ♋	» Plantez les aromatiques vivaces et annuelles. » Taillez les haies si vous n'avez pas encore eu l'occasion de le faire. » Plantez des pieds de ciboulette, d'oseille ou d'estragon. Divisez les pieds âgés. » Éclaircissez les semis des salades et des épinards. » Installez les vivaces en godets et les arbustes à fleurs en conteneurs.
Mercredi 21 avril		13 h 31 4 h 38		15 h 34 ♌	» C'est maintenant la dernière limite pour tailler les rosiers. Veillez à ne pas les tailler trop court, car ils mettraient alors beaucoup plus de temps à fleurir. » Prélevez les drageons des lilas et des rosiers. Le drageon est une pousse qui se développe au départ d'un bourgeon positionné sur une racine, qui devient autonome et se comporte alors comme le végétal d'origine. » Plantez des groseilliers, des framboisiers, des cassissiers et des fraisiers remontants. En terre acide, vous pouvez aussi installer des myrtilliers. Enrichissez le sol en compost, mettez en place et arrosez. » Ébourgeonnez la vigne à la base des pousses de l'année.
Jeudi 22 avril		14 h 46 5 h 07			
Vendredi 23 avril		16 h 05 5 h 32			
Samedi 24 avril		17 h 26 5 h 54		4 h 46 ♍	» Plantez les pommes de terre précoces 'Amandine', 'Charlotte', 'Belle de Fontenay', 'Roseval' et 'Sirtema', car elles échappent mieux aux larves de limaces et de taupins. Vous les butterez dès que le feuillage atteint 25 cm de haut. En climat frais, il est préférable d'attendre que les risques de gelée soient écartés. Prévoyez un écartement suffisant pour pouvoir les buter facilement.
Dimanche 25 avril		18 h 49 6 h 15			

Ne pas oublier : pensez à votre pelouse, une bonne scarification régénère le gazon.

Date	Notes :	Météo :
Lundi 19 avril Ste Emma		Pluie : ...... mm Cumul : ...... mm °C mini : .... °C maxi : .... Pression : .... hPa Temps : ....
Mardi 20 avril Ste Odette		Pluie : ...... mm Cumul : ...... mm °C mini : .... °C maxi : .... Pression : .... hPa Temps : ....
Mercredi 21 avril St Anselme		Pluie : ...... mm Cumul : ...... mm °C mini : .... °C maxi : .... Pression : .... hPa Temps : ....
Jeudi 22 avril St Alexandre		Pluie : ...... mm Cumul : ...... mm °C mini : .... °C maxi : .... Pression : .... hPa Temps : ....
Vendredi 23 avril St Georges		Pluie : ...... mm Cumul : ...... mm °C mini : .... °C maxi : .... Pression : .... hPa Temps : ....
Samedi 24 avril St Fidèle		Pluie : ...... mm Cumul : ...... mm °C mini : .... °C maxi : .... Pression : .... hPa Temps : ....
Dimanche 25 avril St Marc		Pluie : ...... mm Cumul : ...... mm °C mini : .... °C maxi : .... Pression : .... hPa Temps : ....

« À la Saint-Anselme, dernières fleurs sème. »

♈ Bélier ♉ Taureau ♊ Gémeaux ♋ Cancer ♌ Lion ♍ Vierge ♎ Balance ♏ Scorpion ♐ Sagittaire ♑ Capricorne ♒ Verseau ♓ Poissons

Date	Lune	Lever coucher	Jour	Zodiaque
Lundi 26 avril	lune descendante	20 h 15 6 h 36		♍
Mardi 27 avril	à 5 h 31 P à 17 h 22	21 h 42 6 h 59		5 h 29 ♎
Mercredi 28 avril	lune descendante	23 h 10 7 h 25		
Jeudi 29 avril	ND à 11 h 17	– 7 h 59		22 h 07 ♏
Vendredi 30 avril	lune descendante	0 h 35 8 h 42		
Samedi 1er mai	11h38 lune montante	1 h 49 9 h 37		12 h 38 ♐
Dimanche 2 mai	lune montante	2 h 49 10 h 43		20 h 01 ♑

Travaux au jardin

- Greffez les arbustes fruitiers en couronne avec les greffons prélevés au cours de l'hiver précédent.

- Taillez les arbustes de printemps (forsythias, corètes du Japon, groseilliers à fleurs) après leur floraison, en aérant les ramures.

⚠ **Mardi, ne jardinez plus après 12 h 20.**

- Dans les régions à climat doux, plantez les annuelles (œillets, bégonias et pélargoniums) semées à la fin du mois de janvier.

⚠ **Jeudi, ne jardinez pas entre 6 h 20 et 16 h 20.**

- Tondez et scarifiez votre pelouse. La scarification permet d'obtenir une pelouse plus résistante et plus dense. Deux fois par an, cette opération permet d'enlever les mousses et le feutre végétal qui s'installent à la place du gazon. Elle permet aussi de limiter ou d'éviter la propagation de maladies.

- Limitez la cloque du pêcher avec une décoction de prêle tous les trois jours. La cloque du pêcher se caractérise par des feuilles cloquées et enroulées sur elles-mêmes. Elles changent de couleur, passant du jaune au rouge vif ou au pourpre. L'arbre perd son feuillage prématurément. La cloque n'affecte pas la vie de l'arbre atteint, sauf si la maladie survient plusieurs années de suite.
- Prélevez des greffons pleins de vigueur, mettez en jauge et procédez à la greffe dans deux mois, en lune descendante et en jour fruits.

Ne pas oublier : dans les régions à climat doux, mettez en place les plantes aquatiques.

Date	Notes :	Météo :
Lundi 26 avril Ste Alida		Pluie : ...... mm Cumul : ...... mm °C mini : .... °C maxi : .... Pression : .... hPa Temps : ....
Mardi 27 avril Ste Zita		Pluie : ...... mm Cumul : ...... mm °C mini : .... °C maxi : .... Pression : .... hPa Temps : ....
Mercredi 28 avril Ste Valérie		Pluie : ...... mm Cumul : ...... mm °C mini : .... °C maxi : .... Pression : .... hPa Temps : ....
Jeudi 29 avril Ste Cath. de Sienne		Pluie : ...... mm Cumul : ...... mm °C mini : .... °C maxi : .... Pression : .... hPa Temps : ....
Vendredi 30 avril St Robert		Pluie : ...... mm Cumul : ...... mm °C mini : .... °C maxi : .... Pression : .... hPa Temps : ....
Samedi 1er mai Fête du Travail		Pluie : ...... mm Cumul : ...... mm °C mini : .... °C maxi : .... Pression : .... hPa Temps : ....
Dimanche 2 mai St Boris		Pluie : ...... mm Cumul : ...... mm °C mini : .... °C maxi : .... Pression : .... hPa Temps : ....

« À l'issue d'avril, la nature a fait le plus difficile. »

♈ Bélier ♉ Taureau ♊ Gémeaux ♋ Cancer ♌ Lion ♍ Vierge ♎ Balance ♏ Scorpion ♐ Sagittaire ♑ Capricorne ♒ Verseau ♓ Poissons

Date	Lune	Lever / coucher	Jour	Zodiaque	Travaux au jardin
Lundi 3 mai	 à 21 h 50 – Lune montante	3 h 34 11 h 56		♑	Plantez vos pommes de terre. Continuez à semer des betteraves et des carottes. Sur rangs larges espacés d'une vingtaine de centimètres, semez des navets 'Jaune Boule d'Or', 'À Forcer nantais', 'des Vertus marteau'. Vous les récolterez dans deux mois.
Mardi 4 mai	Lune montante	4 h 08 13 h 10		20 h 35	
Mercredi 5 mai	Lune montante	4 h 34 14 h 22		♒	Installez les pélargoniums (géraniums) dans des pots d'au moins 15 cm de diamètre. Semez des fleurs annuelles directement en place et arrosez en pluie fine jusqu'à la levée. Vous disposez d'un vaste choix : pavots de Californie, coquelicots, clarkias, cosmos, capucines, immortelles, bleuets, lavatères… Dans les régions connaissant un climat frais, il est temps de semer des choux-fleurs qui seront à récolter cet été. En climat océanique, semez-les maintenant pour une production automnale. Une graine tous les 3 ou 4 cm dans des lignes espacées d'une soixantaine de centimètres.
Jeudi 6 mai	Lune montante	4 h 55 15 h 33			
Vendredi 7 mai	Lune montante	5 h 13 16 h 41		8 h 13 ♓	Tondez la pelouse. Installez les plantes aromatiques en les associant aux légumes. Elles repousseront certains parasites. Renouvelez les semis de salades : laitue pommée et batavia, laitue à couper, sans oublier la roquette et le pourpier. Vous pouvez aussi semer du mesclun : préférez les mélanges sans roquette, car celle-ci a généralement tendance à dominer les autres plantes. Commencez les semis de chicorée frisée en poquets de trois graines, en sol chaud ou sous abri. Repiquez sans tarder, dès qu'apparaissent deux feuilles. Semez de la tétragone de Nouvelle-Zélande et/ou de la ficoïde glaciale dans les régions bénéficiant d'un été chaud. Dans les régions à climat frais, préférez l'arroche ou le chénopode 'Bon Henri'.
Samedi 8 mai	Lune montante	5 h 29 17 h 47			
Dimanche 9 mai	Lune montante	5 h 45 18 h 53			

Ne pas oublier : replantez votre muguet au pied d'un arbre caduc, avec un feuillage pas trop dense.

Date	Notes :	Météo :
Lundi 3 mai Sts Phil., Jacq.		Pluie : ...... mm Cumul : ...... mm °C mini : .... °C maxi : .... Pression : .... hPa Temps : ....
Mardi 4 mai St Sylvain		Pluie : ...... mm Cumul : ...... mm °C mini : .... °C maxi : .... Pression : .... hPa Temps : ....
Mercredi 5 mai Ste Judith		Pluie : ...... mm Cumul : ...... mm °C mini : .... °C maxi : .... Pression : .... hPa Temps : ....
Jeudi 6 mai Ste Prudence		Pluie : ...... mm Cumul : ...... mm °C mini : .... °C maxi : .... Pression : .... hPa Temps : ....
Vendredi 7 mai Ste Gisèle		Pluie : ...... mm Cumul : ...... mm °C mini : .... °C maxi : .... Pression : .... hPa Temps : ....
Samedi 8 mai Victoire 1945		Pluie : ...... mm Cumul : ...... mm °C mini : .... °C maxi : .... Pression : .... hPa Temps : ....
Dimanche 9 mai St Pacôme		Pluie : ...... mm Cumul : ...... mm °C mini : .... °C maxi : .... Pression : .... hPa Temps : ....

« Plus mai est chaud, plus l'an vaut. »

♈ Bélier ♉ Taureau ♊ Gémeaux ♋ Cancer ♌ Lion ♍ Vierge ♎ Balance ♏ Scorpion ♐ Sagittaire ♑ Capricorne ♒ Verseau ♓ Poissons

Date	Lune	Lever / coucher	Zodiaque
Lundi 10 mai	lune montante	6 h 01 / 19 h 59	♓ – 13 h 26 ♈
Fin lune rousse – Mardi 11 mai – Saint de glace	à 20 h 59 ; A à 23 h 53	6 h 19 / 21 h 05	
Mercredi 12 mai – Saint de glace		6 h 41 / 22 h 12	1 h 01 ♉
Jeudi 13 mai – Saint de glace	NA à 12 h 29	7 h 06 / 23 h 17	
Vendredi 14 mai		7 h 39 / –	
Samedi 15 mai	0 h 22	8 h 19 / 0 h 19	4 h 24 ♊
Dimanche 16 mai	lune desc.	9 h 09 / 1 h 14	

Travaux au jardin

- Tondez votre pelouse.

- Semez des pois à écosser.
- Semez des coloquintes. Ces cucurbitacées peuvent couvrir le sol ou grimper sur de solides tuteurs. Vous pourrez ensuite les utiliser également pour certains décors à la maison.

⚠ **Mardi, ne jardinez plus après 18 h 50.**

- Récoltez la prêle pour vos tisanes, mais aussi pour le purin.
- Semez en lignes, en pépinière de pleine terre, les poireaux pour l'hiver, comme le 'Bleu de Solaize'. Ils seront à repiquer en place, profondément, lorsqu'ils auront atteint la taille d'un crayon.

⚠ **Jeudi, ne jardinez pas entre 7 h 30 et 17 h 30.**

- Semez les salsifis et les scorsonères en place, tous les 20 cm. Couvrez légèrement les graines, tassez et arrosez. Vous éclaircirez au moment où les plants arboreront deux feuilles.
- Renouvelez les semis des carottes de conservation, comme la 'Nantaise Améliorée'.
- Semez des betteraves en vue de la conservation hivernale, ainsi que du rutabaga.
- Semez des endives dans une terre n'ayant pas reçu de fumure depuis deux ans.

- Arrachez les tulipes, ainsi que les jacinthes et les narcisses, en laissant le feuillage jaunir dans une caissette. Vous pourrez ensuite les stocker ou les replanter ailleurs.
- Essayez de faire des boutures d'arbustes à fleurs, en particulier les seringats et les deutzias qui ont de grandes chances de réussite.

Ne pas oublier : installez des pièges à phéromones dans les cerisiers qui risquent d'être attaqués par la mouche.

Date	Notes :	Météo :
Lundi 10 mai Ste Solange		Pluie : …… mm Cumul : …… mm °C mini : …… °C maxi : …… Pression : …… hPa Temps : ……
Mardi 11 mai Ste Estelle		Pluie : …… mm Cumul : …… mm °C mini : …… °C maxi : …… Pression : …… hPa Temps : ……
Mercredi 12 mai St Achille		Pluie : …… mm Cumul : …… mm °C mini : …… °C maxi : …… Pression : …… hPa Temps : ……
Jeudi 13 mai Ascension		Pluie : …… mm Cumul : …… mm °C mini : …… °C maxi : …… Pression : …… hPa Temps : ……
Vendredi 14 mai St Matthias		Pluie : …… mm Cumul : …… mm °C mini : …… °C maxi : …… Pression : …… hPa Temps : ……
Samedi 15 mai Ste Denise		Pluie : …… mm Cumul : …… mm °C mini : …… °C maxi : …… Pression : …… hPa Temps : ……
Dimanche 16 mai St Honoré		Pluie : …… mm Cumul : …… mm °C mini : …… °C maxi : …… Pression : …… hPa Temps : ……

« Saint-Servais, Saint-Pancrace et Saint-Mamert – les “saints de glace” – font à trois un petit hiver. »

♈ Bélier ♉ Taureau ♊ Gémeaux ♋ Cancer ♌ Lion ♍ Vierge ♎ Balance ♏ Scorpion ♐ Sagittaire ♑ Capricorne ♒ Verseau ♓ Poissons

Date	Lune	Lever coucher	Jour	Zodiaque	Travaux au jardin
Lundi 17 mai	Lune descendante	10 h 09 2 h 01	 	♊ 9 h 58 ♋	Taillez soigneusement les lilas défleuris en les rééquilibrant. En pots ou au jardin, plantez les aromatiques : le basilic, la menthe, la ciboulette, la sauge, l'estragon, le thym… Leurs parfums assez prononcés repousseront nombre de parasites. Taillez les haies en éclaircissant à l'intérieur. Procédez au rempotage des plantes d'intérieur.
Mardi 18 mai		11 h 16 2 h 39		22 h 41	
Mercredi 19 mai	 à 21 h 12	12 h 28 3 h 10		♌	Installez des œillets d'Inde à côté des tomates pour éloigner les nématodes, petits vers qui vivent dans les tissus végétaux et le sol. Ils peuvent provoquer des ravages en se nourrissant des matières organiques. Ils entraînent des modifications dans le développement des végétaux et peuvent être les vecteurs de diverses maladies bactériennes ou virales contre lesquelles il est difficile de lutter. Éclaircissez les fruits des pommiers et des poiriers en coupant les fruits juste après le pédoncule, plutôt qu'en les arrachant. Mettez en place les melons semés à la mi-avril. Arrosez et couvrez à l'aide de cloches ou d'un tunnel.
Jeudi 20 mai		13 h 43 3 h 36			
Vendredi 21 mai		15 h 01 3 h 58		13 h 45 ♍	Dans les régions bénéficiant d'un climat doux, récoltez les premières pommes de terre hâtives. Cette première récolte se conserve cependant assez mal : il vaut mieux arracher les pommes de terre au fur et à mesure des besoins. Éclaircissez les carottes jusqu'à 10 cm. Ne laissez pas les plants arrachés sur place, car ils risquent d'attirer la mouche. Pour la même raison, il est recommandé de boucher les trous après arrachage en binant. Vous pouvez saupoudrer les rangs des carottes avec des algues brunes en poudre, de la suie ou de la tanaisie séchée et émiettée (si vous avez pris la précaution de la récolter en automne).
Samedi 22 mai		16 h 20 4 h 18			
Dimanche 23 mai		17 h 42 4 h 38			

Ne pas oublier : si vos arbustes ne sont pas attaqués par des pucerons, ne les traitez pas. Laissez faire les coccinelles.

Date	Notes :	Météo :
Lundi 17 mai St Pascal		Pluie : ...... mm Cumul : ...... mm °C mini : .... °C maxi : .... Pression : .... hPa Temps : ....
Mardi 18 mai St Eric		Pluie : ...... mm Cumul : ...... mm °C mini : .... °C maxi : .... Pression : .... hPa Temps : ....
Mercredi 19 mai St Yves		Pluie : ...... mm Cumul : ...... mm °C mini : .... °C maxi : .... Pression : .... hPa Temps : ....
Jeudi 20 mai St Bernardin		Pluie : ...... mm Cumul : ...... mm °C mini : .... °C maxi : .... Pression : .... hPa Temps : ....
Vendredi 21 mai St Constantin		Pluie : ...... mm Cumul : ...... mm °C mini : .... °C maxi : .... Pression : .... hPa Temps : ....
Samedi 22 mai St Emile		Pluie : ...... mm Cumul : ...... mm °C mini : .... °C maxi : .... Pression : .... hPa Temps : ....
Dimanche 23 mai Pentecôte		Pluie : ...... mm Cumul : ...... mm °C mini : .... °C maxi : .... Pression : .... hPa Temps : ....

« Rosée de mai fait tout beau ou tout laid. »

♈ Bélier ♉ Taureau ♊ Gémeaux ♋ Cancer ♌ Lion ♍ Vierge ♎ Balance ♏ Scorpion ♐ Sagittaire ♑ Capricorne ♒ Verseau ♓ Poissons

Date	Lune	Lever coucher	Jour	Zodiaque	Travaux au jardin
Lundi 24 mai	Lune descendante	19 h 07 / 4 h 58	Racines / Fleurs	♍ ; 16 h 20 ♎	➤ Repiquez et binez tous les légumes racines. ➤ Installez les bégonias, les impatiens, les œillets 'Chabaud', les pélargoniums, ainsi que toutes les annuelles, en pots ou dans les massifs.
Mardi 25 mai	Lune descendante	20 h 35 / 5 h 22	Fleurs	♎	➤ Bouturez les arbustes tels que les potentilles, les deutzias et les seringats.
Mercredi 26 mai	P à 3 h 49 ; Pleine lune à 13 h 13 ; ND à 21 h 36 ; Lune descendante	22 h 03 / 5 h 52	Feuilles	9 h 03 ♏	**⚠ Mercredi, ne jardinez pas entre 8 h 50 et 16 h 35.**
Jeudi 27 mai	Lune descendante	23 h 25 / 6 h 30	Feuilles	♏	➤ Tondez la pelouse, mais pas trop rase pour l'aider à mieux résister à la sécheresse estivale. Compostez les déchets de tonte en les mélangeant à des brindilles, de la paille et d'autres végétaux pauvres en azote.
Vendredi 28 mai	Lune descendante jusqu'à 21 h 24, puis lune montante	– / 7 h 20	Fruits	22 h 54 ♐	➤ Après la chute naturelle des fruits, éclaircissez les pommes et les poires en conservant le fruit du centre pour les pommiers et un fruit périphérique pour les poiriers. Cela permet d'éliminer les fruits en surnombre, de faire grossir les fruits maintenus en place, de les rendre plus savoureux et naturellement plus sucrés. Cette opération a aussi pour effet de soulager les branches qui risqueraient autrement de se briser sous le poids excessif des fruits. Elle diminue également les risques de maladies. Pour éclaircir, il faut légèrement secouer l'arbre pour faire tomber les fruits mal accrochés et/ou malades.
Samedi 29 mai	Lune montante	0 h 35 / 8 h 23	Fruits	♐	
Dimanche 30 mai	Lune montante	1 h 29 / 9 h 36	Racines	4 h 37 ♑	➤ Déplantez les bulbes défleuris et faites-les sécher à l'ombre.

Ne pas oublier : éloignez les plantes d'intérieur des fenêtres exposées plein sud.

Date	Notes :	Météo :
Lundi 24 mai Lundi de Pentecôte		Pluie : ...... mm Cumul : ...... mm °C mini : .... °C maxi : .... Pression : .... hPa Temps : ....
Mardi 25 mai Ste Sophie		Pluie : ...... mm Cumul : ...... mm °C mini : .... °C maxi : .... Pression : .... hPa Temps : ....
Mercredi 26 mai St Bérenger		Pluie : ...... mm Cumul : ...... mm °C mini : .... °C maxi : .... Pression : .... hPa Temps : ....
Jeudi 27 mai St Augustin		Pluie : ...... mm Cumul : ...... mm °C mini : .... °C maxi : .... Pression : .... hPa Temps : ....
Vendredi 28 mai St Germain		Pluie : ...... mm Cumul : ...... mm °C mini : .... °C maxi : .... Pression : .... hPa Temps : ....
Samedi 29 mai St Aymar		Pluie : ...... mm Cumul : ...... mm °C mini : .... °C maxi : .... Pression : .... hPa Temps : ....
Dimanche 30 mai Fête des Mères		Pluie : ...... mm Cumul : ...... mm °C mini : .... °C maxi : .... Pression : .... hPa Temps : ....

« Mai fleuri, an réjoui. »

♈ Bélier ♉ Taureau ♊ Gémeaux ♋ Cancer ♌ Lion ♍ Vierge ♎ Balance ♏ Scorpion ♐ Sagittaire ♑ Capricorne ♒ Verseau ♓ Poissons

Date	Lune	Lever coucher	Jour	Zodiaque	Travaux au jardin
Lundi 31 mai	Lune montante	2 h 08 10 h 52		♑	Semez des endives ('Opale', 'Magnum', 'Zoom') en terre pas trop riche et en lignes distantes d'environ 30 cm. Couvrez les graines avec 1 cm de terre fine, tassez et arrosez en pluie fine.
Mardi 1er juin		2 h 38 12 h 08		3 h 43 ♒	Semez des mufliers en mélangeant les graines avec du sable fin, car celles-ci sont minuscules. Semez l'agastache qui est à la fois très florifère et aromatique, le lin vivace et l'ancolie en pépinière, en lignes, pour désherber plus facilement. Semez en place les fleurs annuelles en recouvrant légèrement les graines. Arrosez en pluie fine. Il est encore temps de semer les fleurs annuelles à croissance rapide directement en place. Vous pouvez commencer les semis de fleurs bisannuelles comme la campanule et la giroflée ravenelle. Vous pouvez aussi semer du pavot et de la rose trémière, sauf en climat sec.
Mercredi 2 juin	à 9 h 24	3 h 01 13 h 21			
Jeudi 3 juin		3 h 20 14 h 31		14 h 20 ♓	Renouvelez les semis de salades. La laitue pommée et la batavia résistent bien à la montée en graine. N'oubliez pas la chicorée frisée, la scarole, le pourpier, la roquette et le mesclun. Plantez les premières salades entre les rangs d'échalotes ou d'oignons. De cette manière, elles absorberont l'azote dont ces derniers n'ont pas besoin. En principe, dans de bonnes conditions, les salades doivent lever en trois ou quatre jours. Si ce n'est pas le cas, il est inutile d'insister, car elles ne donneraient que des plants trop fragiles. Tondez la pelouse quand l'herbe est sèche et 30 % plus haut que la taille conseillée. Les graminées de climat froid doivent être maintenues à 6 ou 7 cm, celles de climat chaud à 2 ou 3 cm en été.
Vendredi 4 juin		3 h 37 15 h 38			
Samedi 5 juin		3 h 52 16 h 44			
Dimanche 6 juin		4 h 09 17 h 50		19 h 34 ♈	Semez des coloquintes.

Ne pas oublier : len fonction des besoins, apportez un engrais biologique « spécial gazon » à votre pelouse.

Date	Notes :	Météo :
Lundi 31 mai Visitation		Pluie : ...... mm Cumul : ...... mm °C mini : .... °C maxi : .... Pression : .... hPa Temps : ....
Mardi 1er juin St Justin		Pluie : ...... mm Cumul : ...... mm °C mini : .... °C maxi : .... Pression : .... hPa Temps : ....
Mercredi 2 juin Ste Blandine		Pluie : ...... mm Cumul : ...... mm °C mini : .... °C maxi : .... Pression : .... hPa Temps : ....
Jeudi 3 juin St Kévin		Pluie : ...... mm Cumul : ...... mm °C mini : .... °C maxi : .... Pression : .... hPa Temps : ....
Vendredi 4 juin Ste Clotilde		Pluie : ...... mm Cumul : ...... mm °C mini : .... °C maxi : .... Pression : .... hPa Temps : ....
Samedi 5 juin St Igor		Pluie : ...... mm Cumul : ...... mm °C mini : .... °C maxi : .... Pression : .... hPa Temps : ....
Dimanche 6 juin St Norbert		Pluie : ...... mm Cumul : ...... mm °C mini : .... °C maxi : .... Pression : .... hPa Temps : ....

« Soleil de juin luit de grand matin. »

♈ Bélier ♉ Taureau ♊ Gémeaux ♋ Cancer ♌ Lion ♍ Vierge ♎ Balance ♏ Scorpion ♐ Sagittaire ♑ Capricorne ♒ Verseau ♓ Poissons

Date	Lune	Lever coucher	Zodiaque	Travaux au jardin
Lundi 7 juin	▼ lune montante	4 h 26 / 18 h 56	♈	Semez des coloquintes. Leurs fruits seront très décoratifs dans la maison en fin d'année. En attendant la récolte, utilisez les plants comme couvre-sols ou faites-les grimper sur un support.
Mardi 8 juin	▼ A à 4 h 27	4 h 46 / 20 h 03	7 h 06 ♉	**Mardi, ne jardinez pas avant 9 h 30.** Plantez les glaïeuls, les dahlias et les cannas. Divisez les souches des gentianes, des asters, des anémones…
Mercredi 9 juin	▼ NA à 18 h 41	5 h 10 / 21 h 09		**Mercredi, ne jardinez pas avant 13 h 40.** Commencez les semis des radis d'hiver très rustiques, en évitant la proximité du chou. Semez en lignes, à 2 cm de profondeur, tous les 4 à 5 cm. Vous éclaircirez à 15 cm. À côté des variétés traditionnelles comme 'Noir rond', 'Noir gros long d'hiver', 'Rose d'hiver de Chine', 'Violet de Gournay', vous trouverez aussi des variétés d'origine japonaise appelées 'Daïkon' à la saveur plus douce et même parfois sucrée. Les radis d'hiver apprécient une terre profonde, humifère, mais sans fumure récente, restant fraîche tout en étant ensoleillée.
Jeudi 10 juin	▼ ● à 12 h 52	5 h 40 / 22 h 12		
Vendredi 11 juin	▲	6 h 18 / 23 h 10	10 h 16 ♊	En lune montante, semez en place les fleurs annuelles (primevères, pensées, cosmos…) en recouvrant légèrement les graines. Arrosez en fine pluie. En lune descendante, taillez les gourmands des rosiers. Traitez contre les pucerons en pulvérisant du savon noir. Taillez les rosiers non remontants, en supprimant les roses fanées qui sont encore en fleurs, pour prolonger la floraison en évitant que les arbustes ne se concentrent sur la production de fruits.
Samedi 12 juin	▲ 6 h 07 lune descendante	7 h 05 / 23 h 59		
Dimanche 13 juin	▲ lune descendante	8 h 02 / –	15 h 36 ♋	Pour l'aider à passer l'été dans les régions chaudes, tondez la pelouse pas trop rase.

Ne pas oublier : poursuivez les apports d'engrais biologiques aux plantes d'intérieur.

Date	Notes :	Météo :
Lundi 7 juin St Gilbert		Pluie : ...... mm Cumul : ...... mm °C mini : .... °C maxi : .... Pression : .... hPa Temps : ....
Mardi 8 juin St Médard		Pluie : ...... mm Cumul : ...... mm °C mini : .... °C maxi : .... Pression : .... hPa Temps : ....
Mercredi 9 juin Ste Diane		Pluie : ...... mm Cumul : ...... mm °C mini : .... °C maxi : .... Pression : .... hPa Temps : ....
Jeudi 10 juin St Landry		Pluie : ...... mm Cumul : ...... mm °C mini : .... °C maxi : .... Pression : .... hPa Temps : ....
Vendredi 11 juin St Barnabé		Pluie : ...... mm Cumul : ...... mm °C mini : .... °C maxi : .... Pression : .... hPa Temps : ....
Samedi 12 juin St Guy		Pluie : ...... mm Cumul : ...... mm °C mini : .... °C maxi : .... Pression : .... hPa Temps : ....
Dimanche 13 juin St Ant. de Padoue		Pluie : ...... mm Cumul : ...... mm °C mini : .... °C maxi : .... Pression : .... hPa Temps : ....

« Pluie de Saint-Guy, c'est tout l'an qui rit. »

♈ Bélier ♉ Taureau ♊ Gémeaux ♋ Cancer ♌ Lion ♍ Vierge ♎ Balance ♏ Scorpion ♐ Sagittaire ♑ Capricorne ♒ Verseau ♓ Poissons

Date	Lune	Lever / coucher	Jour	Zodiaque	Travaux au jardin
Lundi 14 juin	Lune descendante	9 h 07 / 0 h 41		♋	Tondez la pelouse pas trop rase (pour l'aider à mieux passer l'été dans les régions chaudes) et paillez avec les déchets de tonte en couche mince. Maintenant que le sol est bien réchauffé, le paillage est possible.
Mardi 15 juin		10 h 17 / 1 h 14		4 h 27 ♌	Si vous ne l'avez pas fait au mois de mai, éclaircissez les poiriers et les pommiers en ne laissant qu'un seul fruit par bouquet. Conservez le plus beau d'entre eux : en règle générale, celui du centre pour les pommes et un de la périphérie pour les poires. Taillez les cerisiers juste après leur production, pour éviter l'écoulement de gomme. Cueillez les groseilles pour les déguster, en faire des gelées, des confitures ou même un succulent vin. Taillez les gourmands des tomates qui retardent les fructifications en cours. Ne les jetez pas : les plus vigoureux peuvent être repiqués en pleine terre pour donner de nouveaux fruits. Placez les autres sur les têtes des choux : ce sont d'excellents répulsifs naturels contre les chenilles.
Mercredi 16 juin		11 h 31 / 1 h 40			
Jeudi 17 juin		12 h 46 / 2 h 03			
Vendredi 18 juin	 à 5 h 54	14 h 02 / 2 h 23		20 h 40 ♍	Commencez la récolte des oignons, des échalotes et de l'ail en les laissant ressuyer sur le sol pendant plusieurs jours avant de les stocker au sec. Si le sol est frais, vous pouvez les déchausser en enlevant la terre autour des bulbes pour hâter leur flétrissement. Vous les stockerez ensuite dans des cagettes, sans trop les entasser, dans un endroit balayé par un courant d'air. Une bonne aération est la clé de la conservation de ces légumes indispensables en cuisine. Récoltez les premières pommes de terre précoces ('Belle de Fontenay'). Elles se conservent très mal : il est conseillé de les arracher selon les besoins. Installez les céleris-raves semés au début mars. Arrosez régulièrement et paillez avec du compost recouvert d'une fine couche de paille.
Samedi 19 juin		15 h 20 / 2 h 42			
Dimanche 20 juin		16 h 40 / 3 h 01			

Ne pas oublier : pour assainir un coin humide du jardin, plantez hostas, digitales, pulmonaires et astilbes.

Date	Notes :	Météo :
Lundi 14 juin Ste Elisée		Pluie : ...... mm Cumul : ...... mm °C mini : .... °C maxi : .... Pression : .... hPa Temps : ....
Mardi 15 juin Ste Germaine		Pluie : ...... mm Cumul : ...... mm °C mini : .... °C maxi : .... Pression : .... hPa Temps : ....
Mercredi 16 juin St J.-F. Régis		Pluie : ...... mm Cumul : ...... mm °C mini : .... °C maxi : .... Pression : .... hPa Temps : ....
Jeudi 17 juin St Hervé		Pluie : ...... mm Cumul : ...... mm °C mini : .... °C maxi : .... Pression : .... hPa Temps : ....
Vendredi 18 juin St Léonce		Pluie : ...... mm Cumul : ...... mm °C mini : .... °C maxi : .... Pression : .... hPa Temps : ....
Samedi 19 juin St Romuald		Pluie : ...... mm Cumul : ...... mm °C mini : .... °C maxi : .... Pression : .... hPa Temps : ....
Dimanche 20 juin Fête des Pères		Pluie : ...... mm Cumul : ...... mm °C mini : .... °C maxi : .... Pression : .... hPa Temps : ....

« Juin bien fleuri, vrai paradis. »

♈ Bélier ♉ Taureau ♊ Gémeaux ♋ Cancer ♌ Lion ♍ Vierge ♎ Balance ♏ Scorpion ♐ Sagittaire ♑ Capricorne ♒ Verseau ♓ Poissons

Date	Lune	Lever / coucher	Jour	Zodiaque
Lundi 21 juin — Solstice d'été	Lune descendante	18 h 05 / 3 h 23		1 h 40 ♎
Mardi 22 juin	Lune descendante	19 h 31 / 3 h 48		19 h 24 ♏
Mercredi 23 juin	ND à 8 h 06 ; P à 11 h 59	20 h 56 / 4 h 21		
Jeudi 24 juin	Pleine lune à 20 h 39	22 h 12 / 5 h 04		9 h 36 ♐
Vendredi 25 juin	7 h 50 — Lune montante	23 h 15 / 6 h 01		
Samedi 26 juin	Lune montante	– / 7 h 10		14 h 44 ♑
Dimanche 27 juin	Lune montante	0 h 02 / 8 h 28		

Travaux au jardin

- Taillez éventuellement les rosiers remontants. Traitez-les contre les pucerons en pulvérisant du savon noir. Divisez les touffes des roses trémières. Apportez de l'engrais au pied de tous vos rosiers.
- Supprimez les rejets des lilas.
- Vous pouvez commencer la plantation des bulbes d'automne : colchiques, cyclamens, sternbergias…

- Taillez le lierre afin qu'il n'envahisse pas les gouttières. Contrairement à ce que l'on pense, le lierre ne porte pas préjudice aux murs qu'il recouvre s'ils sont assez étanches pour interdire la pénétration des crampons des végétaux.

⚠ **Mercredi, ne jardinez pas avant 17 h.**

- En lune descendante, jeudi, plantez des plants de courgettes pour l'arrière-saison. Pincez les melons, les potirons et les courges.
- En lune montante, vendredi, greffez en écusson les arbres fruitiers. Choisissez le bon porte-greffe selon la nature du sol. Prélevez les greffons et mettez-les en place dans une incision en T réalisée sur un porte-greffe. La croissance du bourgeon n'interviendra qu'au printemps prochain.

- Semez des betteraves ('Chioggia', 'Détroit 3', 'd'Égypte') dans un sillon large et peu profond. Couvrez, tassez et arrosez en pluie fine.
- Semez des radis d'hiver : 'Violet de Gournay', 'Rose d'Hiver'. Vous pouvez aussi trouver une variété d'origine japonaise 'Daïkon' à la saveur plus douce.

Ne pas oublier : pensez à entretenir votre mobilier de jardin.

Date	Notes :	Météo :
Lundi 21 juin Été		Pluie : ...... mm Cumul : ...... mm °C mini : .... °C maxi : .... Pression : .... hPa Temps : ....
Mardi 22 juin St Alban		Pluie : ...... mm Cumul : ...... mm °C mini : .... °C maxi : .... Pression : .... hPa Temps : ....
Mercredi 23 juin Ste Audrey		Pluie : ...... mm Cumul : ...... mm °C mini : .... °C maxi : .... Pression : .... hPa Temps : ....
Jeudi 24 juin St Jean-Baptiste		Pluie : ...... mm Cumul : ...... mm °C mini : .... °C maxi : .... Pression : .... hPa Temps : ....
Vendredi 25 juin St Prosper		Pluie : ...... mm Cumul : ...... mm °C mini : .... °C maxi : .... Pression : .... hPa Temps : ....
Samedi 26 juin St Anthelme		Pluie : ...... mm Cumul : ...... mm °C mini : .... °C maxi : .... Pression : .... hPa Temps : ....
Dimanche 27 juin St Fernand		Pluie : ...... mm Cumul : ...... mm °C mini : .... °C maxi : .... Pression : .... hPa Temps : ....

« La nuit de Saint-Jean est la plus courte de l'an. »

♈ Bélier ♉ Taureau ♊ Gémeaux ♋ Cancer ♌ Lion ♍ Vierge ♎ Balance ♏ Scorpion ♐ Sagittaire ♑ Capricorne ♒ Verseau ♓ Poissons

Date	Lune	Lever coucher	Jour	Zodiaque	Travaux au jardin
Lundi 28 juin	lune montante	0 h 37 9 h 47		♑ 12 h 41 ♒	Semez des navets pour la production d'automne. Semez les fleurs bisannuelles : œillets, giroflées… Semez aussi le lupin vivace. Maintenez le sol frais sans excès.
Mardi 29 juin	lune montante	1 h 03 11 h 03			Pensez à récolter les fleurs des tilleuls. Il est préférable que les fleurs de tous les bouquets ne soient pas ouvertes. Faites-les sécher à l'ombre sans les entasser. Les fleurs de tilleul sont excellentes pour soigner les insomnies, les troubles digestifs… En pépinière, semez les pâquerettes, les pensées, les ancolies, les lins et les agastaches.
Mercredi 30 juin	lune montante	1 h 24 12 h 16		21 h 53 ♓	Dans les régions connaissant un climat frais, plantez les fraisiers. Dans les régions au climat plus doux, vous pouvez attendre les premières pluies. Couvrez d'un filet pour protéger des oiseaux.
Jeudi 1er juillet	lune montante ◐ à 23 h 10	1 h 42 13 h 26			Récoltez les plantes aromatiques (le thym, le romarin, la sauge, la marjolaine, l'origan, l'estragon, la sarriette…) avant leur floraison. Procédez par beau temps, en milieu de journée, et en tout cas après l'évaporation de la rosée. Vous ferez ensuite sécher les aromatiques dans l'obscurité dans un endroit chaud, sec et bien aéré.
Vendredi 2 juillet	lune montante	1 h 59 14 h 33			Semez les engrais verts (trèfle rampant, moutarde ou sarrasin) dans les planches débarrassées de leurs cultures. Le principe de l'engrais vert est d'enrichir et d'améliorer le sol en y apportant des plantes poussées sur place. Les végétaux travaillent donc « sur site » : ils puisent dans le sol et l'atmosphère les éléments qui seront utiles aux cultures suivantes. L'engrais vert protège aussi le sol et le travaille en profondeur via les racines. Il absorbe également les nitrates qui, sinon, seraient lavés par les pluies et perdus.
Samedi 3 juillet	lune montante	2 h 15 15 h 39			
Dimanche 4 juillet	lune montante	2 h 32 16 h 46		1 h 56 ♈	Essayez des greffes en écusson d'abricotiers, de pêchers et de pruniers. Taillez les pommiers et les poiriers.

Ne pas oublier : renouvelez les paillis tout en faisant la chasse aux limaces.

Date	Notes :	Météo :
Lundi 28 juin Ste Irénée		Pluie : ...... mm Cumul : ...... mm °C mini : .... °C maxi : .... Pression : .... hPa Temps : ....
Mardi 29 juin Sts Pierre, Paul		Pluie : ...... mm Cumul : ...... mm °C mini : .... °C maxi : .... Pression : .... hPa Temps : ....
Mercredi 30 juin St Martial		Pluie : ...... mm Cumul : ...... mm °C mini : .... °C maxi : .... Pression : .... hPa Temps : ....
Jeudi 1er juillet St Thierry		Pluie : ...... mm Cumul : ...... mm °C mini : .... °C maxi : .... Pression : .... hPa Temps : ....
Vendredi 2 juillet St Martinien		Pluie : ...... mm Cumul : ...... mm °C mini : .... °C maxi : .... Pression : .... hPa Temps : ....
Samedi 3 juillet St Thomas		Pluie : ...... mm Cumul : ...... mm °C mini : .... °C maxi : .... Pression : .... hPa Temps : ....
Dimanche 4 juillet St Florent		Pluie : ...... mm Cumul : ...... mm °C mini : .... °C maxi : .... Pression : .... hPa Temps : ....

« S'il tonne fin juin, il n'y aura pas de vin. »

♈ Bélier ♉ Taureau ♊ Gémeaux ♋ Cancer ♌ Lion ♍ Vierge ♎ Balance ♏ Scorpion ♐ Sagittaire ♑ Capricorne ♒ Verseau ♓ Poissons

Date	Lune	Lever coucher	Jour	Zodiaque
Lundi 5 juillet	A à 16 h 46 – lune montante	2 h 51 / 17 h 52		♈ – 13 h 44 – ♉
Mardi 6 juillet	lune montante	3 h 13 / 18 h 58		♉
Mercredi 7 juillet	NA à 0 h 39 – lune montante	3 h 41 / 20 h 03		♉
Jeudi 8 juillet	lune montante	4 h 16 / 21 h 03		♉ – 16 h 44 – ♊
Vendredi 9 juillet	lune montante – 12h03 – lune descendante	5 h 00 / 21 h 56		♊
Samedi 10 juillet	à 3 h 16 – lune descendante	5 h 55 / 22 h 40		♊ – 21 h 39 – ♋
Dimanche 11 juillet	lune descendante	6 h 58 / 23 h 16		♋

Travaux au jardin

⚠ **Lundi, ne jardinez pas après 11 h 45.**

- Pensez à tondre vos pelouses. Une bonne tonte régulière est l'un des facteurs qui permettent de conserver une pelouse en parfait état. Pour optimiser le résultat de votre travail, effectuez la tonte lorsque l'herbe est sèche. Tondez de préférence lorsque l'herbe est 30 % plus haute que la taille conseillée. Les graminées de climat froid doivent être maintenues à 6 ou 7 cm, tandis que celles de climat chaud peuvent être coupées à 2 ou 3 cm en été. Tondez aussi dans des directions différentes à chaque tonte : une fois dans la longueur de la pelouse et une fois dans sa largeur. Cela évite la compaction du sol et aide l'herbe à pousser droit.

⚠ **Mercredi, ne jardinez pas avant 5 h 40.**

- Taillez les rosiers non remontants défleuris en éliminant les vieux rameaux ainsi que ceux qui sont en surnombre au centre de la touffe. Supprimez les roses fanées des rosiers qui sont encore en fleurs.
- Taillez les tiges de la glycine sur la moitié, voire les deux tiers de leur longueur.
- Taillez les arbustes à fleurs qui sont défleuris.
- Divisez et replantez les grosses touffes d'iris. Plantez les bulbes d'automne.
- Marcottez la glycine et la bignone. Le marcottage permet de multiplier les plantes en provoquant l'apparition de racines sur des tiges normales encore attachées à un végétal que vous désirez reproduire.

- Nettoyez les endroits qui sont envahis par les ronces, les chardons et les pruneliers, en les coupant au plus près du sol.

Ne pas oublier : traitez biologiquement (avec des pièges à phéromones) les arbres fruitiers contre le carpocapse.

Date	Notes :	Météo :
Lundi 5 juillet Sᵗ Antoine		Pluie : ...... mm Cumul : ...... mm °C mini : .... °C maxi : .... Pression : .... hPa Temps : ....
Mardi 6 juillet Sᵗᵉ Mariette		Pluie : ...... mm Cumul : ...... mm °C mini : .... °C maxi : .... Pression : .... hPa Temps : ....
Mercredi 7 juillet Sᵗ Raoul		Pluie : ...... mm Cumul : ...... mm °C mini : .... °C maxi : .... Pression : .... hPa Temps : ....
Jeudi 8 juillet Sᵗ Thibault		Pluie : ...... mm Cumul : ...... mm °C mini : .... °C maxi : .... Pression : .... hPa Temps : ....
Vendredi 9 juillet Sᵗᵉ Amandine		Pluie : ...... mm Cumul : ...... mm °C mini : .... °C maxi : .... Pression : .... hPa Temps : ....
Samedi 10 juillet Sᵗ Ulrich		Pluie : ...... mm Cumul : ...... mm °C mini : .... °C maxi : .... Pression : .... hPa Temps : ....
Dimanche 11 juillet Sᵗ Benoît		Pluie : ...... mm Cumul : ...... mm °C mini : .... °C maxi : .... Pression : .... hPa Temps : ....

« Pluie du matin, en juillet, est bonne au vin. »

♈ Bélier ♉ Taureau ♊ Gémeaux ♋ Cancer ♌ Lion ♍ Vierge ♎ Balance ♏ Scorpion ♐ Sagittaire ♑ Capricorne ♒ Verseau ♓ Poissons

Date	Lune	Lever / coucher	Jour	Zodiaque
Lundi 12 juillet	Lune descendante	8 h 08 / 23 h 45		♋ – 10 h 09 – ♌
Mardi 13 juillet	Lune descendante	9 h 21 / –		♌
Mercredi 14 juillet	Lune descendante	10 h 36 / 0 h 08		♌
Jeudi 15 juillet	Lune descendante	11 h 51 / 0 h 29		– 2 h 16 – ♍
Vendredi 16 juillet	Lune descendante	13 h 07 / 0 h 48		♍
Samedi 17 juillet	Lune descendante, premier quartier à 12 h 10	14 h 25 / 1 h 06		♍
Dimanche 18 juillet	Lune descendante	15 h 45 / 1 h 26		– 8 h 46 – ♎

Travaux au jardin

- Taillez en vert les poiriers et les pommiers palissés. La taille en vert s'effectue lorsque les arbres fruitiers portent leurs feuilles et souvent des fruits. Elle est d'une grande utilité et facile à réaliser.
- Taillez aussi la vigne. Effeuillez éventuellement celle-ci pour une meilleure insolation des grappes.
- Taillez légèrement vos cerisiers après leur production. Ils produiront alors moins de gomme.
- Supprimez les pousses des mûriers et des framboisiers qui ont fructifié.
- Sous climat frais, accélérez la maturation des melons, des poivrons et des aubergines en pinçant les pousses.
- Taillez les gourmands des tomates et les tiges stériles ou trop longues des courges et des potirons.

- Commencez la récolte de l'ail, de l'échalote et de l'oignon. Déterrez les bulbes et laissez-les ressuyer sur le sol. Si celui-ci est trop humide, étalez plutôt vos récoltes sur des cagettes. Au bout de quelques jours, stockez-les dans un endroit sec et bien aéré. Pour que l'ail reste blanc, protégez les têtes avec les fanes d'autres pieds.
- Si les plants des pommes de terre commencent à fleurir, commencez leur arrachage. Faites-les ressuyer quelques heures au soleil (quelques heures seulement afin d'éviter tout verdissement), laissez-les ensuite sécher dans des cagettes à l'ombre. Attendez une quinzaine de jours avant de les stocker. Il faut éviter de stocker les pommes de terre à même le sol.
- Préparez pour vos semis d'oignons une parcelle non fumée récemment et n'ayant pas accueilli de légumineuse cette année.

- Divisez et replantez les grosses touffes d'iris. L'iris ne demande généralement pas d'engrais lorsqu'il est installé dans une bonne terre de jardin. Un apport de compost conserve cependant son utilité.

Ne pas oublier : arrosez désormais plutôt le soir que le matin.

Date	Notes :	Météo :
Lundi 12 juillet St Olivier		Pluie : ...... mm Cumul : ...... mm °C mini : .... °C maxi : .... Pression : .... hPa Temps : ....
Mardi 13 juillet Sts Henri, Joël		Pluie : ...... mm Cumul : ...... mm °C mini : .... °C maxi : .... Pression : .... hPa Temps : ....
Mercredi 14 juillet Fête nationale		Pluie : ...... mm Cumul : ...... mm °C mini : .... °C maxi : .... Pression : .... hPa Temps : ....
Jeudi 15 juillet St Donald		Pluie : ...... mm Cumul : ...... mm °C mini : .... °C maxi : .... Pression : .... hPa Temps : ....
Vendredi 16 juillet N.-D. du Mt Carmel		Pluie : ...... mm Cumul : ...... mm °C mini : .... °C maxi : .... Pression : .... hPa Temps : ....
Samedi 17 juillet Ste Charlotte		Pluie : ...... mm Cumul : ...... mm °C mini : .... °C maxi : .... Pression : .... hPa Temps : ....
Dimanche 18 juillet St Frédéric		Pluie : ...... mm Cumul : ...... mm °C mini : .... °C maxi : .... Pression : .... hPa Temps : ....

« De juillet la chaleur, fait de septembre la valeur. »

♈ Bélier ♉ Taureau ♊ Gémeaux ♋ Cancer ♌ Lion ♍ Vierge ♎ Balance ♏ Scorpion ♐ Sagittaire ♑ Capricorne ♒ Verseau ♓ Poissons

Date	Lune	Lever / coucher	Jour	Zodiaque	Travaux au jardin
Lundi 19 juillet	▲ Lune descendante	17 h 08 / 1 h 49		♎	Récoltez la lavande. Superbe en pleine nature et indispensable pour parfumer armoires et penderies, elle possède aussi des vertus thérapeutiques douces et naturelles.
Mardi 20 juillet	▲ ND à 15 h 21	18 h 31 / 2 h 18		3 h 47 ♏	⚠ **Mardi, ne jardinez pas entre 10 h 20 et 20 h 25.** Éclaircissez les laitues, les scaroles et les chicorées. Si ces dernières sont suffisamment avancées, blanchissez-les en les couvrant d'un pot ou d'une cloche opaque pendant une dizaine de jours au maximum. Cela atténuera un peu leur amertume.
Mercredi 21 juillet	▲ P à 12 h 24	19 h 50 / 2 h 55		19 h 01 ♐	⚠ **Mercredi, ne jardinez pas entre 7 h 25 et 17 h 25.**
Jeudi 22 juillet	▲ 17 h 09 (fin lune descendante, début lune montante)	20 h 58 / 3 h 44			En lune descendante et en climat frais, plantez des fraisiers. Dans les régions qui bénéficient d'un climat plus doux, vous pouvez attendre l'arrivée des premières pluies. En lune montante, c'est le bon moment pour greffer en écusson les pommiers, les cerisiers, les poiriers, les abricotiers et les pruniers. Prélevez les greffons sans abîmer les yeux. Conservez un morceau du pétiole. Glissez les greffons dans une incision en T et ligaturez à l'aide de raphia. Vous saurez que votre greffe est réussie si le pétiole tombe au bout d'environ une quinzaine de jours.
Vendredi 23 juillet	▲ Lune montante	21 h 52 / 4 h 47			
Samedi 24 juillet	▲ ○ à 4 h 36	22 h 33 / 6 h 01		0 h 48 ♑	En climat doux, semez des oignons blancs à repiquer en octobre pour une consommation vers le début du prochain printemps. Semez encore des radis d'hiver 'Rose de Chine' ou 'Violet de Gournay'. Sous climat doux et en terre peu profonde, vous pouvez aussi semer des radis asiatiques, à la saveur plus douce ou même légèrement sucrée. Semez des carottes et des navets pour l'hiver en espaçant les rangs d'une vingtaine de centimètres.
Dimanche 25 juillet	▼	23 h 03 / 7 h 20		22 h 30	

Ne pas oublier : arrosez vos suspensions et autres plantes de balcon.

Date	Notes :	Météo :
Lundi 19 juillet St Arsène		Pluie : … mm Cumul : … mm °C mini : … °C maxi : … Pression : … hPa Temps : …
Mardi 20 juillet Ste Marina		Pluie : … mm Cumul : … mm °C mini : … °C maxi : … Pression : … hPa Temps : …
Mercredi 21 juillet St Victor		Pluie : … mm Cumul : … mm °C mini : … °C maxi : … Pression : … hPa Temps : …
Jeudi 22 juillet Ste M.-Madeleine		Pluie : … mm Cumul : … mm °C mini : … °C maxi : … Pression : … hPa Temps : …
Vendredi 23 juillet Ste Brigitte		Pluie : … mm Cumul : … mm °C mini : … °C maxi : … Pression : … hPa Temps : …
Samedi 24 juillet Ste Christine		Pluie : … mm Cumul : … mm °C mini : … °C maxi : … Pression : … hPa Temps : …
Dimanche 25 juillet St Jacques		Pluie : … mm Cumul : … mm °C mini : … °C maxi : … Pression : … hPa Temps : …

« L'été recueille, l'hiver mange. »

♈ Bélier ♉ Taureau ♊ Gémeaux ♋ Cancer ♌ Lion ♍ Vierge ♎ Balance ♏ Scorpion ♐ Sagittaire ♑ Capricorne ♒ Verseau ♓ Poissons

Date	Lune	Lever coucher	Jour	Zodiaque	Travaux au jardin
Lundi 26 juillet	lune montante	23 h 26 8 h 40		♒	➲ Si ce n'est déjà fait, plantez les fraisiers, en particulier dans les régions qui bénéficient d'un climat frais. Vous pouvez attendre les premières pluies dans les autres régions qui connaissent un climat plus doux. Une fois les fraisiers installés en pleine terre, recouvrez-les d'un filet pour les protéger de la voracité des oiseaux. Pour des fraisiers en bonne santé et de bons rendements, vous pouvez espérer une production de 150 à 650 g de fruits par plant. ➲ Comme il ne supporte pas le repiquage, semez le lupin directement en place.
Mardi 27 juillet	lune montante	23 h 46 9 h 56			
Mercredi 28 juillet	lune montante	- 11 h 08		6 h 44 ♓	➲ Taillez les haies de thuyas en élargissant plus le bas que le sommet. Si aucune taille n'est effectuée, le thuya peut atteindre jusqu'à une vingtaine de mètres de haut. Il se caractérise alors par une forme conique. N'hésitez pas à tailler franchement, car le thuya a tendance à repousser assez rapidement. Une bonne taille d'été garantit une croissance parfaitement maîtrisée du végétal, car c'est à ce moment que la sève descend. Une taille de printemps s'effectue plutôt en sève montante pour accélérer la croissance de l'arbre. ➲ Semez du pourpier 'Doré à Larges Feuilles', en lignes distantes d'une vingtaine de centimètres. La récolte est prévue dès le mois de septembre.
Jeudi 29 juillet	lune montante	0 h 03 12 h 18			
Vendredi 30 juillet	lune montante	0 h 19 13 h 26			
Samedi 31 juillet	lune montante à 15 h 15	0 h 36 14 h 33		8 h 39 ♈	➲ Tentez des greffes en écusson de pêchers, de pruniers et d'abricotiers. ➲ Dans le Midi, semez des haricots nains qui profiteront pleinement des pluies de fin d'été et qui pourront donner en octobre, quand les températures sont encore élevées. ➲ Toujours dans le Midi, dans la mesure où vous pouvez arroser à satiété, semez du maïs doux.
Dimanche 1er août	lune montante	0 h 54 15 h 40		21 h 13	

Ne pas oublier : pendant les périodes les plus chaudes, vaporisez chaque jour un peu d'eau tiède sur les plantes d'intérieur.

Date	Notes :	Météo :
Lundi 26 juillet Ste Anne, Joachim		Pluie : ...... mm Cumul : ...... mm °C mini : .... °C maxi : .... Pression : .... hPa Temps : ....
Mardi 27 juillet Ste Nathalie		Pluie : ...... mm Cumul : ...... mm °C mini : .... °C maxi : .... Pression : .... hPa Temps : ....
Mercredi 28 juillet St Samson		Pluie : ...... mm Cumul : ...... mm °C mini : .... °C maxi : .... Pression : .... hPa Temps : ....
Jeudi 29 juillet Ste Marthe		Pluie : ...... mm Cumul : ...... mm °C mini : .... °C maxi : .... Pression : .... hPa Temps : ....
Vendredi 30 juillet Ste Juliette		Pluie : ...... mm Cumul : ...... mm °C mini : .... °C maxi : .... Pression : .... hPa Temps : ....
Samedi 31 juillet St I. de Loyola		Pluie : ...... mm Cumul : ...... mm °C mini : .... °C maxi : .... Pression : .... hPa Temps : ....
Dimanche 1er août St Alphonse		Pluie : ...... mm Cumul : ...... mm °C mini : .... °C maxi : .... Pression : .... hPa Temps : ....

« À la Sainte-Juliette, l'été est en fête. »

♈ Bélier ♉ Taureau ♊ Gémeaux ♋ Cancer ♌ Lion ♍ Vierge ♎ Balance ♏ Scorpion ♐ Sagittaire ♑ Capricorne ♒ Verseau ♓ Poissons

Date	Lune	Lever / coucher	Zodiaque
Lundi 2 août	A à 9 h 35 – lune montante	1 h 15 / 16 h 46	♉
Mardi 3 août	NA à 4 h 52 – lune montante	1 h 41 / 17 h 52	♉
Mercredi 4 août	lune montante	2 h 13 / 18 h 54	♉
Jeudi 5 août	18 h 46 – lune descendante	2 h 54 / 19 h 49	0 h 11 ♊
Vendredi 6 août	lune descendante	3 h 45 / 20 h 37	♊
Samedi 7 août	lune descendante	4 h 46 / 21 h 16	4 h 52 ♋
Dimanche 8 août	Nouvelle lune à 15 h 50 – lune descendante	5 h 55 / 21 h 47	16 h 58 ♌

Travaux au jardin

⚠ Lundi, ne jardinez pas avant 14 h 35.

- Dans les régions qui bénéficient d'un climat doux, tentez maintenant un semis d'oignons blancs. Ils seront à repiquer dans le courant du mois d'octobre pour une consommation prévue au début du printemps prochain.

⚠ Mardi, ne jardinez pas avant 10 h.

- Semez des navets et des carottes pour l'hiver. Semez aussi des radis de tous les mois. Vous récolterez ceux-ci cinq semaines après le semis.
- Semez également des radis d'hiver 'Noir Gros Long d'Hiver', 'Noir Long Poids d'Horloge', 'Rose de Chine', 'Violet de Gournay'. Semez en rangs espacés de 20 à 30 cm, éclaircissez après la levée en ne laissant qu'un seul plant tous les 10 à 15 cm.
- Soulagez le stress hydrique des arbres fruitiers en arrosant au pied de chaque arbre.

- En lune montante, vous pouvez semer les fleurs bisannuelles : pâquerettes, pavots, pensées, œillets… Vous pouvez aussi semer le lupin vivace.
- Faites vos boutures de pélargoniums en prélevant des tronçons feuillés d'une dizaine de centimètres de long. Plantez en godets, sous abri, en arrosant régulièrement.
- Marcottez des plantes grimpantes telles que le chèvrefeuille.
- Bouturez le laurier-rose. Attention : il s'agit d'une plante toxique. L'ingestion d'une simple feuille peut, dans les cas les plus extrêmes, s'avérer mortelle pour un adulte.

- Cette journée est propice au désherbage.
- Taillez les haies à pousse rapide.
- C'est aussi le bon moment pour tailler les haies de thuyas.
- Divisez le thym et le romarin.

- Taillez les framboisiers non remontants : coupez au ras du sol les cannes qui ont fructifié.

Ne pas oublier : coupez les fleurs fanées afin de prolonger la durée de vos massifs de fleurs.

Date	Notes :	Météo :
Lundi 2 août St Julien-Eymard		Pluie : ...... mm Cumul : ...... mm °C mini : .... °C maxi : .... Pression : .... hPa Temps : ....
Mardi 3 août Ste Lydie		Pluie : ...... mm Cumul : ...... mm °C mini : .... °C maxi : .... Pression : .... hPa Temps : ....
Mercredi 4 août St J.-M. Vianney		Pluie : ...... mm Cumul : ...... mm °C mini : .... °C maxi : .... Pression : .... hPa Temps : ....
Jeudi 5 août St Abel		Pluie : ...... mm Cumul : ...... mm °C mini : .... °C maxi : .... Pression : .... hPa Temps : ....
Vendredi 6 août Transfiguration		Pluie : ...... mm Cumul : ...... mm °C mini : .... °C maxi : .... Pression : .... hPa Temps : ....
Samedi 7 août St Gaétan		Pluie : ...... mm Cumul : ...... mm °C mini : .... °C maxi : .... Pression : .... hPa Temps : ....
Dimanche 8 août St Dominique		Pluie : ...... mm Cumul : ...... mm °C mini : .... °C maxi : .... Pression : .... hPa Temps : ....

« C'est le mois d'août qui donne le bon goût. »

♈ Bélier ♉ Taureau ♊ Gémeaux ♋ Cancer ♌ Lion ♍ Vierge ♎ Balance ♏ Scorpion ♐ Sagittaire ♑ Capricorne ♒ Verseau ♓ Poissons

Date	Lune	Lever coucher	Jour	Zodiaque	Travaux au jardin
Lundi 9 août	lune descendante	7 h 08 / 22 h 13		♌	Dans la fraiseraie, préparez et enrichissez le sol avant de planter les nouveaux fraisiers dans le courant du mois prochain. Vous serez ainsi assuré d'obtenir une pleine production dès la première année d'exploitation. N'oubliez pas que les fraisiers ne restent en place au même endroit que pendant 3 à 4 ans. Dans le verger, taillez en vert les arbres fruitiers palissés. Taillez les pommiers conduits en cordon ou en U, ainsi que les plus vigoureux poiriers palissés. La taille en vert s'effectue quand les arbres fruitiers portent leurs feuilles et souvent des fruits.
Mardi 10 août		8 h 24 / 22 h 34			
Mercredi 11 août		9 h 40 / 22 h 54		8 h 10 ♍	Si les plants ont fleuri, vous pouvez arracher maintenant les pommes de terre de conservation qui doivent se détacher facilement. Laissez-les ressuyer pendant quelques heures en plein soleil avant de les mettre en cagettes à l'abri de la lumière. Préparez le sol en vue des futurs semis d'oignons sur une parcelle non fumée récemment et n'ayant pas accueilli de légumineuses cette année. Dans les régions qui bénéficient d'un climat doux, vous pouvez aussi tenter un semis d'oignons blancs. Ils seront à repiquer dans le courant du mois d'octobre pour une consommation prévue au début du printemps prochain. Arrachez l'ail, les oignons et les échalotes en les laissant ressuyer à même le sol et en plein soleil, à l'exception de l'ail qui doit sécher à l'ombre pour rester bien blanc.
Jeudi 12 août		10 h 57 / 23 h 12			
Vendredi 13 août		12 h 15 / 23 h 32			
Samedi 14 août		13 h 34 / 23 h 53		14 h 21 ♎	Poursuivez la plantation des bulbes à floraison automnale : les colchiques, les crocus, les cyclamens… Taillez la lavande en réduisant un peu le feuillage. Taillez les rosiers non remontants de variété ancienne en réduisant d'un bon tiers les rameaux défleuris.
Dimanche 15 août	à 17 h 19	14 h 55 / –			

Ne pas oublier : tuteurez les hautes tiges fleuries pour leur éviter de s'affaler.

Date	Notes :	Météo :
Lundi 9 août St Amour		Pluie : ...... mm Cumul : ...... mm °C mini : .... °C maxi : .... Pression : .... hPa Temps : ....
Mardi 10 août St Laurent		Pluie : ...... mm Cumul : ...... mm °C mini : .... °C maxi : .... Pression : .... hPa Temps : ....
Mercredi 11 août Ste Claire		Pluie : ...... mm Cumul : ...... mm °C mini : .... °C maxi : .... Pression : .... hPa Temps : ....
Jeudi 12 août Ste Clarisse		Pluie : ...... mm Cumul : ...... mm °C mini : .... °C maxi : .... Pression : .... hPa Temps : ....
Vendredi 13 août St Hippolyte		Pluie : ...... mm Cumul : ...... mm °C mini : .... °C maxi : .... Pression : .... hPa Temps : ....
Samedi 14 août St Evrard		Pluie : ...... mm Cumul : ...... mm °C mini : .... °C maxi : .... Pression : .... hPa Temps : ....
Dimanche 15 août Assomption		Pluie : ...... mm Cumul : ...... mm °C mini : .... °C maxi : .... Pression : .... hPa Temps : ....

« En août, de l'aube au soir, on n'a qu'une heure pour s'asseoir. »

♈ Bélier ♉ Taureau ♊ Gémeaux ♋ Cancer ♌ Lion ♍ Vierge ♎ Balance ♏ Scorpion ♐ Sagittaire ♑ Capricorne ♒ Verseau ♓ Poissons

Date	Lune	Lever coucher	Jour	Zodiaque
Lundi 16 août	ND à 18 h 04 – lune descendante	16 h 17 / 0 h 19		♎ – 10 h 01 – ♏
Mardi 17 août	P à 11 h 15 – lune descendante	17 h 36 / 0 h 52		
Mercredi 18 août	lune descendante (0h20)	18 h 46 / 1 h 35		– 2 h 13 – ♐
Jeudi 19 août	lune montante	19 h 44 / 2 h 32		
Vendredi 20 août	lune montante	20 h 29 / 3 h 40		– 9 h 22 – ♑
Samedi 21 août	lune montante	21 h 02 / 4 h 57		
Dimanche 22 août	Pleine lune à 14 h 01 – lune montante	21 h 28 / 6 h 16		– 7 h 43 – ♒

Travaux au jardin

⚠ **Lundi, ne jardinez pas après 13 h.**

» Si vous envisagez de semer une nouvelle pelouse, c'est le moment de préparer le sol : bêchez, affinez la terre et aplanissez. Laissez germer les mauvaises herbes que vous éliminerez au début du mois de septembre, juste avant d'effectuer les semis de gazon.

⚠ **Mardi, ne jardinez pas entre 6 h 15 et 16 h 15.**

» En lune descendante, plantez des fraisiers dans une planche préalablement enrichie de compost. Plantez rapidement après l'arrachage en pralinant. N'enterrez pas le collet, n'habillez pas les plants et arrosez généreusement. Si votre terrain est humide, adoptez une plantation sur buttes.

» Greffez en écusson les pommiers, les cerisiers, les pruniers et les poiriers. Cette greffe est la plus utilisée durant les mois de juillet et d'août. Elle présente deux avantages majeurs : elle limite les gaspillages de greffons et vous pouvez savoir si elle a pris au bout de deux semaines seulement.

» N'oubliez pas désherber et de bêcher autour des arbres fruitiers.

» Dans les régions à climat doux, semez des oignons de couleur en pépinière ('Rouge pâle de Niort', 'Rouge de Florence', 'Espagnol'). Semez aussi des oignons blancs ('Hâtif de Paris', 'de Vaugirard', 'de Barletta'). Après la levée, éclaircissez tous les 5 cm.

» Essayez un semi d'annuelles rustiques qui lèveront avant l'hiver et fleuriront plus tôt au printemps.

Ne pas oublier : ensachez vos fruits si vous êtes envahis par les guêpes, si les oiseaux raffolent de vos grappes ou attaquent vos poires.

Date	Notes :	Météo :
Lundi 16 août St Armel		Pluie : ...... mm Cumul : ...... mm °C mini : .... °C maxi : .... Pression : .... hPa Temps : ....
Mardi 17 août St Hyacinthe		Pluie : ...... mm Cumul : ...... mm °C mini : .... °C maxi : .... Pression : .... hPa Temps : ....
Mercredi 18 août Ste Hélène		Pluie : ...... mm Cumul : ...... mm °C mini : .... °C maxi : .... Pression : .... hPa Temps : ....
Jeudi 19 août St Jean-Eudes		Pluie : ...... mm Cumul : ...... mm °C mini : .... °C maxi : .... Pression : .... hPa Temps : ....
Vendredi 20 août St Bernard		Pluie : ...... mm Cumul : ...... mm °C mini : .... °C maxi : .... Pression : .... hPa Temps : ....
Samedi 21 août St Christophe		Pluie : ...... mm Cumul : ...... mm °C mini : .... °C maxi : .... Pression : .... hPa Temps : ....
Dimanche 22 août St Fabrice		Pluie : ...... mm Cumul : ...... mm °C mini : .... °C maxi : .... Pression : .... hPa Temps : ....

« En août et en vendanges, il n'y a ni fêtes ni dimanche. »

♈ Bélier ♉ Taureau ♊ Gémeaux ♋ Cancer ♌ Lion ♍ Vierge ♎ Balance ♏ Scorpion ♐ Sagittaire ♑ Capricorne ♒ Verseau ♓ Poissons

Date	Lune	Lever coucher	Jour	Zodiaque	Travaux au jardin
Lundi 23 août	lune montante	21 h 49 / 7 h 34		♒	Greffez les églantiers en écusson. L'églantier commun, ou rosier sauvage rustique, ne demande presque pas d'entretien. Dès les premiers jours du printemps, il se pare de nombreuses fleurs blanches ou roses. En automne et en hiver, ces jolis fruits rouges font le régal des oiseaux et celui des gourmands (confiture, liqueur…).
Mardi 24 août		22 h 07 / 8 h 48		15 h 54 ♓	Taillez les haies de thuyas. Élargissez davantage le bas que le sommet. Si aucune taille n'est effectuée, le thuya peut atteindre une vingtaine de mètres de haut. Il se caractérise alors par une forme conique. Pour votre haie de thuyas, vous devez choisir la hauteur de taille et l'épaisseur que vous désirez. N'hésitez pas à tailler franchement, car le thuya a tendance à repousser assez rapidement. Une bonne taille en août garantit une croissance parfaitement maîtrisée du végétal, car c'est à cette période que la sève descend. Une taille de printemps s'effectue, elle, en sève montante. Elle accélère donc la croissance de l'arbre : c'est idéal pour se mettre rapidement à l'abri des regards indiscrets des voisins.
Mercredi 25 août		22 h 23 / 10 h 00			
Jeudi 26 août		22 h 40 / 11 h 09			
Vendredi 27 août		22 h 57 / 12 h 18		15 h 46 ♈	Cueillez les poires d'été qui ont viré au jaune. Si vous voulez hâter le mûrissement des poires vertes, placez-les dans un endroit sombre et à l'abri des courants d'air. Attention : elles ont tendance à blettir rapidement.
Samedi 28 août		23 h 17 / 13 h 25			
Dimanche 29 août		23 h 41 / 14 h 33		5 h 19 ♉	Plantez l'iris de jardin en plein soleil. Buttez les glaïeuls. Désherbez et bêchez autour des arbres fruitiers.

Ne pas oublier : choisissez dès maintenant vos bulbes d'automne.

Date	Notes :	Météo :
Lundi 23 août Ste Rose de Lima		Pluie : ...... mm Cumul : ...... mm °C mini : .... °C maxi : .... Pression : .... hPa Temps : ....
Mardi 24 août St Barthélemy		Pluie : ...... mm Cumul : ...... mm °C mini : .... °C maxi : .... Pression : .... hPa Temps : ....
Mercredi 25 août St Louis		Pluie : ...... mm Cumul : ...... mm °C mini : .... °C maxi : .... Pression : .... hPa Temps : ....
Jeudi 26 août Ste Natacha		Pluie : ...... mm Cumul : ...... mm °C mini : .... °C maxi : .... Pression : .... hPa Temps : ....
Vendredi 27 août Ste Monique		Pluie : ...... mm Cumul : ...... mm °C mini : .... °C maxi : .... Pression : .... hPa Temps : ....
Samedi 28 août St Augustin		Pluie : ...... mm Cumul : ...... mm °C mini : .... °C maxi : .... Pression : .... hPa Temps : ....
Dimanche 29 août Ste Sabine		Pluie : ...... mm Cumul : ...... mm °C mini : .... °C maxi : .... Pression : .... hPa Temps : ....

« Beau temps pour la Saint-Louis, plusieurs jours sans pluie. »

♈ Bélier ♉ Taureau ♊ Gémeaux ♋ Cancer ♌ Lion ♍ Vierge ♎ Balance ♏ Scorpion ♐ Sagittaire ♑ Capricorne ♒ Verseau ♓ Poissons

Date	Lune	Lever coucher	Jour	Zodiaque	Travaux au jardin
Lundi 30 août	A à 4 h 22 NA à 7 h 13 ◐ à 9 h 13 lune montante	– 15 h 39		♉	**Lundi, ne jardinez pas avant 12 h 15.** » En lignes espacées d'une vingtaine de centimètres, semez les poireaux « baguettes » en veillant à bien disperser les graines. Après la levée, éclaircissez en ne conservant qu'un seul plant tous les 5 cm. Ils se récolteront au mois de mai prochain. » Semez aussi des oignons blancs, à repiquer au mois d'octobre pour une conservation en mars et avril prochain. Semez serré pour obtenir des bulbilles de petit calibre : elles risquent moins de monter en graine.
Mardi 31 août	lune montante	0 h 10 16 h 42			
Mercredi 1er septembre	lune montante jusqu'à 2 h 23	0 h 47 17 h 41		8 h 21 ♊	» En lune montante, semez de la valériane. La plante supporte bien les sols pauvres, secs et caillouteux. Elle se plaît sur un muret de terre sèche, sur un talus sec et difficile d'accès, dans une rocaille… Une fois installée, vous pourrez l'oublier : elle ne nécessite aucun entretien et pas plus d'arrosage. Du mois de mai jusqu'en septembre, elle se couvre de fleurs parfumées blanches, roses ou rouges. Après la première floraison, il faut rabattre les tiges de moitié pour encourager une remontée. La valériane se ressème facilement toute seule au point qu'elle peut parfois devenir envahissante.
Jeudi 2 septembre	lune descendante	1 h 33 18 h 31			
Vendredi 3 septembre	lune descendante	2 h 30 19 h 13		13 h 16 ♋	» Nettoyez la pelouse avec un balai à gazon. Roulez-la et épandez une mince couche de terreau. En sol argileux, épandez du sable grossier. » Débroussaillez pour éviter la repousse des racines de ronces. » Taillez les haies de persistants : cyprès, fusains, thuyas… Taillez aussi les topiaires ainsi que les bordures de buis.
Samedi 4 septembre	lune descendante	3 h 36 19 h 47			
Dimanche 5 septembre	lune descendante	4 h 49 20 h 15		1 h 19 ♌	» Après les dernières récoltes, taillez les abricotiers et les pêchers. Coupez-les à proximité de leur base, après les deux rameaux de remplacement qui fructifieront l'année prochaine.

Ne pas oublier : c'est le bon moment pour rempoter les plantes d'intérieur.

Date	Notes :	Météo :
Lundi 30 août St Fiacre		Pluie : …… mm Cumul : …… mm °C mini : …… °C maxi : …… Pression : …… hPa Temps : ……
Mardi 31 août St Aristide		Pluie : …… mm Cumul : …… mm °C mini : …… °C maxi : …… Pression : …… hPa Temps : ……
Mercredi 1er septembre St Gilles		Pluie : …… mm Cumul : …… mm °C mini : …… °C maxi : …… Pression : …… hPa Temps : ……
Jeudi 2 septembre Ste Ingrid		Pluie : …… mm Cumul : …… mm °C mini : …… °C maxi : …… Pression : …… hPa Temps : ……
Vendredi 3 septembre St Grégoire		Pluie : …… mm Cumul : …… mm °C mini : …… °C maxi : …… Pression : …… hPa Temps : ……
Samedi 4 septembre Ste Rosalie		Pluie : …… mm Cumul : …… mm °C mini : …… °C maxi : …… Pression : …… hPa Temps : ……
Dimanche 5 septembre Ste Raïssa		Pluie : …… mm Cumul : …… mm °C mini : …… °C maxi : …… Pression : …… hPa Temps : ……

« Septembre se nomme le mai de l'automne. »

♈ Bélier ♉ Taureau ♊ Gémeaux ♋ Cancer ♌ Lion ♍ Vierge ♎ Balance ♏ Scorpion ♐ Sagittaire ♑ Capricorne ♒ Verseau ♓ Poissons

Date	Lune	Lever / coucher	Jour	Zodiaque
Lundi 6 septembre	▼ (lune descendante)	6 h 05 / 20 h 38		♌
Mardi 7 septembre	▼ ● à 2 h 51	7 h 23 / 20 h 58		15 h 44 ♍
Mercredi 8 septembre	▲	8 h 41 / 21 h 17		
Jeudi 9 septembre	▲ à 11 h 25	10 h 01 / 21 h 36		
Vendredi 10 septembre	▲	11 h 22 / 21 h 57		20 h 19 ♎
Samedi 11 septembre	▲ P à 12 h 03	12 h 44 / 22 h 22		
Dimanche 12 septembre	▲ ND à 18 h 35	14 h 07 / 22 h 52		14 h 30 ♏

Travaux au jardin

- Récoltez les pommes et les poires précoces qui blettissent vite. Vous les laisserez prendre couleur dans la maison, dans un lieu plutôt sombre (cave, cellier…).
- Rajeunissez les arbustes à petits fruits qui vieillissent rapidement, en aérant notamment le centre des touffes.

- Pour rénover les parties abîmées de la pelouse, apportez-leur de la tourbe ou du fumier. Semez, roulez et arrosez. Une pelouse étant un investissement à long terme, privilégiez la qualité des semences, avec un taux de germination supérieur à 85 %.
- Si vous avez encore des pommes de terre tardives et des oignons de couleur, c'est le moment de les récolter.
- Selon vos besoins, arrachez les radis d'automne, les carottes, les navets, les betteraves et les céleris-raves. Consommez-les rapidement pour profiter au maximum de toutes leurs vitamines.
- Repiquez les oignons blancs. Tout au moins ceux qui sont assez développés. Laissez grossir les autres. Rajeunissez les feuillages et les radicelles. Installez-les sur une planche bien exposée et surélevée pour éviter la pourriture due à l'humidité. Ne les arrosez pas.

⚠ **Samedi, ne jardinez pas entre 7 h et 17 h 05.**

- Remplacez les fleurs estivales par les automnales. Pensez aux asters à petites fleurs, à associer avec des hélénies aux fleurs plus grandes, et aux hélianthèmes de plus grande taille.
- Plantez des bleuets en bordure du potager : ils attireront les insectes auxiliaires.

⚠ **Dimanche, ne jardinez pas après 13 h 35.**

Ne pas oublier : septembre est le mois idéal pour les binages, à faire de préférence après un arrosage ou une légère pluie.

Date	Notes :	Météo :
Lundi 6 septembre St Bertrand		Pluie : ... mm Cumul : ... mm °C mini : ... °C maxi : ... Pression : ... hPa Temps : ...
Mardi 7 septembre Ste Reine		Pluie : ... mm Cumul : ... mm °C mini : ... °C maxi : ... Pression : ... hPa Temps : ...
Mercredi 8 septembre St Adrien		Pluie : ... mm Cumul : ... mm °C mini : ... °C maxi : ... Pression : ... hPa Temps : ...
Jeudi 9 septembre St Alain		Pluie : ... mm Cumul : ... mm °C mini : ... °C maxi : ... Pression : ... hPa Temps : ...
Vendredi 10 septembre Ste Inès		Pluie : ... mm Cumul : ... mm °C mini : ... °C maxi : ... Pression : ... hPa Temps : ...
Samedi 11 septembre St Adelphe		Pluie : ... mm Cumul : ... mm °C mini : ... °C maxi : ... Pression : ... hPa Temps : ...
Dimanche 12 septembre St Apollinaire		Pluie : ... mm Cumul : ... mm °C mini : ... °C maxi : ... Pression : ... hPa Temps : ...

« Orages de septembre, neige de décembre. »

♈ Bélier ♉ Taureau ♊ Gémeaux ♋ Cancer ♌ Lion ♍ Vierge ♎ Balance ♏ Scorpion ♐ Sagittaire ♑ Capricorne ♒ Verseau ♓ Poissons

Date	Lune	Lever coucher	Jour	Zodiaque	Travaux au jardin
Lundi 13 septembre	à 22 h 39 — lune descendante	15 h 27 / 23 h 32		♏	Taillez les haies, qu'elles soient persistantes ou non, ainsi que les topiaires et les bordures de buis. Après broyage, vous pouvez vous en servir pour pailler des allées, car ce mulch se décompose très lentement et possède d'intéressantes vertus herbicides.
Mardi 14 septembre	lune descendante	16 h 40 / –		7 h 46 ♐	En lune descendante, essayez des boutures de framboisiers. Arrachez un pied en veillant à conserver les racines et un maximum de chevelu. Faites-en des tronçons d'une dizaine de centimètres de long, à planter en sol léger et au chaud, en arrosant régulièrement. Vous pourrez les replanter dans le courant du printemps prochain. En lune montante, récoltez les pommes et les poires d'automne qui ont une conservation limitée. Mettez tous les débris végétaux sains au compost.
Mercredi 15 septembre	5 h 45 — lune montante	17 h 41 / 0 h 24			
Jeudi 16 septembre	lune montante	18 h 28 / 1 h 28		15 h 51 ♑	Semez des radis de tous les mois, qui lèveront très vite dans la terre encore chaude au prix de quelques arrosages s'il ne pleut pas. La variété 'Flamboyant' est l'une des plus intéressantes, jamais piquante. Vous avez aussi le choix des variétés 'Gaudry 2' et de 'Dix-huit jours'. Semez en lignes ou à la volée, enterrez les graines tous les 3 à 5 cm, sous 1 cm de terreau. Ne tardez pas à les éclaircir.
Vendredi 17 septembre	lune montante	19 h 04 / 2 h 41			
Samedi 18 septembre	lune montante	19 h 31 / 3 h 58		15 h 13 ♒	Semez les plantes annuelles peu frileuses (pavots de Californie, pois de senteur…). Semez-les directement en place. Elles s'installeront avant l'hiver et fleuriront plus vite et mieux au printemps. Vous devrez les éclaircir.
Dimanche 19 septembre	lune montante	19 h 53 / 5 h 15			

Ne pas oublier : binez les allées pour éliminer les mauvaises herbes.

Date	Notes :	Météo :
Lundi 13 septembre St Aimé		Pluie : ...... mm Cumul : ...... mm °C mini : .... °C maxi : .... Pression : .... hPa Temps : ....
Mardi 14 septembre St Materne		Pluie : ...... mm Cumul : ...... mm °C mini : .... °C maxi : .... Pression : .... hPa Temps : ....
Mercredi 15 septembre St Roland		Pluie : ...... mm Cumul : ...... mm °C mini : .... °C maxi : .... Pression : .... hPa Temps : ....
Jeudi 16 septembre Ste Edith		Pluie : ...... mm Cumul : ...... mm °C mini : .... °C maxi : .... Pression : .... hPa Temps : ....
Vendredi 17 septembre St Renaud		Pluie : ...... mm Cumul : ...... mm °C mini : .... °C maxi : .... Pression : .... hPa Temps : ....
Samedi 18 septembre Ste Nadège		Pluie : ...... mm Cumul : ...... mm °C mini : .... °C maxi : .... Pression : .... hPa Temps : ....
Dimanche 19 septembre Ste Emilie		Pluie : ...... mm Cumul : ...... mm °C mini : .... °C maxi : .... Pression : .... hPa Temps : ....

« L'hirondelle en septembre abandonne le ciel refroidi de l'automne. »

♈ Bélier ♉ Taureau ♊ Gémeaux ♋ Cancer ♌ Lion ♍ Vierge ♎ Balance ♏ Scorpion ♐ Sagittaire ♑ Capricorne ♒ Verseau ♓ Poissons

Date	Lune	Lever coucher	Jour	Zodiaque	Travaux au jardin
Lundi 20 septembre	▲ lune montante	20 h 11 / 6 h 30		♒	C'est maintenant que vous pouvez pratiquer l'écussonnage des églantiers pour multiplier des rosiers.
Mardi 21 septembre	▲ ○ à 1 h 54	20 h 28 / 7 h 43		0 h 12 ♓	C'est le bon moment pour effectuer vos semis de gazon. Débarrassez le sol de tous les éléments indésirables : racines, herbes, cailloux… Aplanissez la surface à ensemencer et roulez-la. Semez les graines de gazon à la volée en deux passages croisés. Couvrez de terreau, puis roulez une nouvelle fois. Arrosez en pluie fine, de manière à ne pas déplacer les graines et, sauf en cas de pluie, arrosez souvent pendant 3 à 4 semaines. L'installation d'une pelouse en fin d'été et en début d'automne est souvent préférable à un semis de printemps : elle a le temps de s'installer sans être piétinée avec un minimum d'arrosages. Il faut seulement que l'arrière-saison ne soit pas trop rigoureuse.
Mercredi 22 septembre Équinoxe	▼	20 h 44 / 8 h 53			
Jeudi 23 septembre	▼	21 h 01 / 10 h 02			
Vendredi 24 septembre	▼	21 h 20 / 11 h 11		23 h 05 ♈	Récoltez les pommes, les poires, les prunes, les fraises ainsi que les framboises. Récoltez également les courgettes, les concombres et les cornichons. Prévoyez de faire des confitures et des conserves.
Samedi 25 septembre	▼	21 h 41 / 12 h 19		13 h 24 ♉	Semez des poireaux « baguettes ». Ils sont aussi appelés poireaux de printemps. Parmi les plus intéressantes variétés, il faut surtout mentionner 'Bleu de Solaise' et 'de Liège'. Attention à leurs principaux ravageurs : le ver (teigne) et la mineuse du poireau qui peuvent causer de gros ravages.
Dimanche 26 septembre	▼ NA à 9 h 32 / A à 23 h 43	22 h 08 / 13 h 26			⚠ **Dimanche, ne jardinez pas entre 14 h 30 et 18 h 40.**

Ne pas oublier : désherbez les massifs fleuris avant que la terre ne soit détrempée.

Date	Notes :	Météo :
Lundi 20 septembre St Davy		Pluie : ...... mm Cumul : ...... mm °C mini : .... °C maxi : .... Pression : .... hPa Temps : ....
Mardi 21 septembre St Matthieu		Pluie : ...... mm Cumul : ...... mm °C mini : .... °C maxi : .... Pression : .... hPa Temps : ....
Mercredi 22 septembre Automne		Pluie : ...... mm Cumul : ...... mm °C mini : .... °C maxi : .... Pression : .... hPa Temps : ....
Jeudi 23 septembre St Constant		Pluie : ...... mm Cumul : ...... mm °C mini : .... °C maxi : .... Pression : .... hPa Temps : ....
Vendredi 24 septembre Ste Thècle		Pluie : ...... mm Cumul : ...... mm °C mini : .... °C maxi : .... Pression : .... hPa Temps : ....
Samedi 25 septembre St Hermann		Pluie : ...... mm Cumul : ...... mm °C mini : .... °C maxi : .... Pression : .... hPa Temps : ....
Dimanche 26 septembre Sts Côme, Damien		Pluie : ...... mm Cumul : ...... mm °C mini : .... °C maxi : .... Pression : .... hPa Temps : ....

« Bel automne vient plus souvent que beau printemps. »

♈ Bélier ♉ Taureau ♊ Gémeaux ♋ Cancer ♌ Lion ♍ Vierge ♎ Balance ♏ Scorpion ♐ Sagittaire ♑ Capricorne ♒ Verseau ♓ Poissons

Date	Lune	Lever coucher	Jour	Zodiaque
Lundi 27 septembre	lune montante	22 h 41 / 14 h 31		♉
Mardi 28 septembre	lune montante	23 h 23 / 15 h 31		16 h 31 ♊
Mercredi 29 septembre	à 3 h 57 ; 10 h 26	– / 16 h 25		♊
Jeudi 30 septembre	lune descendante	0 h 15 / 17 h 10		♊
Vendredi 1er octobre	lune descendante	1 h 17 / 17 h 46		22 h 02 ♋
Samedi 2 octobre	lune descendante	2 h 26 / 18 h 16		10 h 34 ♌
Dimanche 3 octobre	lune descendante	3 h 40 / 18 h 40		♌

Travaux au jardin

- Semez des radis de tous les mois ('National', 'Gaudry 2', 'Mirabeau'). Arrosez les sillons de manière à faciliter la germination. Semez directement en place et à la volée, ou sur des lignes espacées d'environ 25 cm. Enterrez les graines tous les 3 à 5 cm, sous 1 cm de terreau. Éclaircissez-les rapidement. Arrosez régulièrement pour que les radis ne soient pas piquants.

- En lune montante, effectuez un semis d'annuelles rustiques (mufliers, coquelicots, bleuets, nigelles, lavatères, eschscholtzias...) : ces plantes lèveront avant l'hiver et fleuriront de manière précoce au cours du printemps prochain.
- En lune descendante, plantez les bisannuelles semées aux mois de juin et juillet derniers. Enrichissez le sol avec du compost et plantez en quinconce.
- Poursuivez la mise en place des bulbes à floraison printanière précoce : le perce-neige, le crocus, le narcisse... Pour le perce-neige et le crocus, plantez plusieurs dizaines de plantes afin d'obtenir un superbe effet naturel.

- Bouturez les arbustes à feuillage persistant : le laurier palme, le berbéris aucuba... Placez les boutures sous châssis et protégez-les avec des paillassons en hiver. Les arbustes à feuillage persistant sont une bonne solution pour délimiter le jardin et se protéger du regard parfois très indiscret des voisins.

- Ouvrez les trous de plantation des arbres fruitiers à installer en novembre et décembre. Ramassez les fruits abîmés et brûlez-les.
- Plantez les petits fruits vendus en conteneurs en espaçant les pieds d'environ 1 m.
- Vous pouvez tailler les arbustes à petits fruits, les non-remontants sont coupés à ras.

Ne pas oublier : pensez à rentrer les pots à agrumes ou à palmiers. Les nuits deviennent plus fraîches.

Date	Notes :	Météo :
Lundi 27 septembre St Vincent de Paul		Pluie : ...... mm Cumul : ...... mm °C mini : .... °C maxi : .... Pression : .... hPa Temps : ....
Mardi 28 septembre St Venceslas		Pluie : ...... mm Cumul : ...... mm °C mini : .... °C maxi : .... Pression : .... hPa Temps : ....
Mercredi 29 septembre St Michel		Pluie : ...... mm Cumul : ...... mm °C mini : .... °C maxi : .... Pression : .... hPa Temps : ....
Jeudi 30 septembre St Jérôme		Pluie : ...... mm Cumul : ...... mm °C mini : .... °C maxi : .... Pression : .... hPa Temps : ....
Vendredi 1er octobre S^te Th. de l'E.-J.		Pluie : ...... mm Cumul : ...... mm °C mini : .... °C maxi : .... Pression : .... hPa Temps : ....
Samedi 2 octobre St Léger		Pluie : ...... mm Cumul : ...... mm °C mini : .... °C maxi : .... Pression : .... hPa Temps : ....
Dimanche 3 octobre St Gérard		Pluie : ...... mm Cumul : ...... mm °C mini : .... °C maxi : .... Pression : .... hPa Temps : ....

« Brume d'automne, temps clair nous donne. »

♈ Bélier ♉ Taureau ♊ Gémeaux ♋ Cancer ♌ Lion ♍ Vierge ♎ Balance ♏ Scorpion ♐ Sagittaire ♑ Capricorne ♒ Verseau ♓ Poissons

Date	Lune	Lever coucher	Jour	Zodiaque	Travaux au jardin
Lundi 4 octobre	Lune descendante	4 h 58 19 h 01		♌	Vous pouvez tailler vos arbustes à petits fruits, même les framboisiers remontants. Les non-remontants doivent être coupés à ras.
Mardi 5 octobre	Lune descendante	6 h 16 19 h 20		1 h 12 ♍	Commencez la récolte des racines d'endives. Laissez les plants se faner sur le sol pendant une quinzaine de jours environ, en les protégeant du soleil et du gel avec des fougères, de la paille ou des feuilles. Vous enlèverez ensuite le surplus de terre à la main, sans gratter les légumes, et taillerez les racines en coupant le feuillage un petit peu au-dessus du collet. Stockez-les à l'abri de la lumière. Il est également possible de les laisser en terre en les recouvrant d'une bonne couche de terre ou de terreau complétée par une couverture de paille ou de feuilles mortes. Protégez les légumes qui craignent le froid. Vous avez encore un peu de temps pour les récolter et les stocker.
Mercredi 6 octobre	Pleine lune à 13 h 05	7 h 37 19 h 39			
Jeudi 7 octobre	Lune descendante	8 h 59 20 h 00			
Vendredi 8 octobre	P à 19 h 27	10 h 24 20 h 23		4 h 20 ♎	**Vendredi, ne jardinez plus après 14 h 25.** Divisez les vivaces rustiques telles que les géraniums (les vrais géraniums et non pas les pélargoniums !). Ce sont des plantes vivaces qui restent en place de saison en saison, rustiques et très faciles à vivre. Le géranium totalise plus de 300 variétés. **Samedi, ne jardinez plus après 16 h 30.**
Samedi 9 octobre	ND à 21 h 34	11 h 50 20 h 52			
Dimanche 10 octobre	Lune descendante	13 h 14 21 h 29		20 h 11 ♏	Plantez les conifères et les arbustes persistants achetés en conteneurs. Ils pourront ainsi commencer à s'enraciner avant l'arrivée des grands froids.

Ne pas oublier : réduisez les arrosages ainsi que les doses d'engrais de vos plantes d'intérieur dont la croissance commence à ralentir.

Date	Notes :	Météo :
Lundi 4 octobre St Fr. d'Assise		Pluie : ...... mm Cumul : ...... mm °C mini : .... °C maxi : .... Pression : .... hPa Temps : ....
Mardi 5 octobre Ste Fleur		Pluie : ...... mm Cumul : ...... mm °C mini : .... °C maxi : .... Pression : .... hPa Temps : ....
Mercredi 6 octobre St Bruno		Pluie : ...... mm Cumul : ...... mm °C mini : .... °C maxi : .... Pression : .... hPa Temps : ....
Jeudi 7 octobre St Serge		Pluie : ...... mm Cumul : ...... mm °C mini : .... °C maxi : .... Pression : .... hPa Temps : ....
Vendredi 8 octobre Ste Pélagie		Pluie : ...... mm Cumul : ...... mm °C mini : .... °C maxi : .... Pression : .... hPa Temps : ....
Samedi 9 octobre St Denis		Pluie : ...... mm Cumul : ...... mm °C mini : .... °C maxi : .... Pression : .... hPa Temps : ....
Dimanche 10 octobre St Ghislain		Pluie : ...... mm Cumul : ...... mm °C mini : .... °C maxi : .... Pression : .... hPa Temps : ....

« Octobre en bruines, hiver en ruine. »

♈ Bélier ♉ Taureau ♊ Gémeaux ♋ Cancer ♌ Lion ♍ Vierge ♎ Balance ♏ Scorpion ♐ Sagittaire ♑ Capricorne ♒ Verseau ♓ Poissons

Date	Lune	Lever coucher	Jour	Zodiaque	Travaux au jardin
Lundi 11 octobre	l. descendante	14 h 32 22 h 17		♏ 13 h 33 ♐	Blanchissez les scaroles, les chicorées frisées, les céleris à côtes et les cardons. En lune descendante, bouturez les racines des framboisiers. Dégagez une racine d'un centimètre de diamètre du plant mère, débitez-la en tronçons d'une dizaine de centimètres de long en veillant à ne pas abîmer les radicelles. Remplissez une caisse de 15 cm de profondeur d'une couche de billes d'argile surmontée d'un mélange de tourbe et de sable (suivant une proportion 60 /40). Placez les tronçons de racine à l'horizontale dans la caisse et recouvrez-les du même mélange de tourbe et de sable sur une épaisseur de 3 cm. Arrosez généreusement, puis placez sous abri jusqu'au printemps prochain.
Mardi 12 octobre	11 h 08 lune montante	15 h 38 23 h 18			
Mercredi 13 octobre	à 5 h 25	16 h 30 –		21 h 10 ♑	Tamisez l'ancien compost et utilisez-le dans vos massifs ainsi qu'au jardin potager. L'utilisation d'un compost est vraiment très facile : 20 kg de compost couvrent généralement 1,20 m de massif. Certaines plantes favorisent la bonne fermentation du compost : l'ortie (lorsqu'elle est récoltée jeune), la camomille, le pissenlit et l'achillée millefeuille. Ces plantes ne doivent, bien entendu, jamais avoir subi de traitement chimique.
Jeudi 14 octobre		17 h 08 0 h 30			
Vendredi 15 octobre		17 h 37 1 h 46		20 h 59 ♒	Pratiquez maintenant l'écussonnage des églantiers afin de multiplier vos rosiers. Nettoyez soigneusement la zone à greffer en supprimant toutes les feuilles et toutes les épines. Réalisez ensuite une incision en forme de T dans le porte-greffe. Prélevez un rameau de la variété à multiplier sur une pousse de l'année. Sur ce rameau, à l'aisselle des feuilles, vous remarquerez la présence d'un bourgeon. C'est autour de cet « œil » qu'il faut découper l'écusson. Décollez directement le bois de l'écusson. Insérez cet écusson dans l'incision en T du porte-greffe.
Samedi 16 octobre		17 h 59 3 h 02			
Dimanche 17 octobre		18 h 18 4 h 17			

Ne pas oublier : pour avoir du persil frais tout l'hiver, prélevez quelques touffes dans le carré d'herbes aromatiques et mettez-les en pots.

Date	Notes :	Météo :
Lundi 11 octobre St Firmin		Pluie : ...... mm Cumul : ...... mm °C mini : .... °C maxi : .... Pression : .... hPa Temps : ....
Mardi 12 octobre St Wilfried		Pluie : ...... mm Cumul : ...... mm °C mini : .... °C maxi : .... Pression : .... hPa Temps : ....
Mercredi 13 octobre St Géraud		Pluie : ...... mm Cumul : ...... mm °C mini : .... °C maxi : .... Pression : .... hPa Temps : ....
Jeudi 14 octobre St Juste		Pluie : ...... mm Cumul : ...... mm °C mini : .... °C maxi : .... Pression : .... hPa Temps : ....
Vendredi 15 octobre Ste Th. d'Avila		Pluie : ...... mm Cumul : ...... mm °C mini : .... °C maxi : .... Pression : .... hPa Temps : ....
Samedi 16 octobre Ste Edwige		Pluie : ...... mm Cumul : ...... mm °C mini : .... °C maxi : .... Pression : .... hPa Temps : ....
Dimanche 17 octobre St Baudouin		Pluie : ...... mm Cumul : ...... mm °C mini : .... °C maxi : .... Pression : .... hPa Temps : ....

« Octobre en brumes, mois à rhumes. »

♈ Bélier ♉ Taureau ♊ Gémeaux ♋ Cancer ♌ Lion ♍ Vierge ♎ Balance ♏ Scorpion ♐ Sagittaire ♑ Capricorne ♒ Verseau ♓ Poissons

Date	Lune	Lever coucher	Jour	Zodiaque	Travaux au jardin
Lundi 18 octobre	▲ Lune montante	18 h 35 / 5 h 29	Feuilles	6 h 56 ♓	Semez à la volée de l'engrais vert sur les différentes parcelles qui seront inutilisées durant l'hiver. Vous pouvez utiliser un mélange de moutarde et d'épinard, ou un mélange de vesce et de seigle. Tassez afin d'enterrer légèrement les graines. Vous couperez et enfouirez l'engrais vert au printemps prochain. • Sauf dans les régions à climat frais, vous pouvez semer un nouveau gazon ou regarnir une pelouse dégradée. L'installation d'une pelouse au début de l'automne est préférable à un semis printanier : elle a alors le temps de s'installer sans être piétinée tout en ne demandant qu'un minimum d'arrosages. • En cas de besoin, protégez vos semis à l'aide d'un tunnel. Fixez-le bien au sol et vérifiez l'aération pour éviter la condensation.
Mardi 19 octobre	▲	18 h 50 / 6 h 40			
Mercredi 20 octobre	▲ Pleine lune à 16 h 56	19 h 06 / 7 h 48			
Jeudi 21 octobre	▼	19 h 24 / 8 h 57	Fruits	6 h 10 ♈	Récoltez les fruits qui sont arrivés à complète maturité avant que n'apparaissent les premières gelées. Transformez le surplus en conserves, confitures ou autres coulis.
Vendredi 22 octobre	▼	19 h 44 / 10 h 05			
			Racines	20 h 50 ♉	⚠ **Samedi, ne jardinez pas entre 8 h 45 et 18 h 50.** • Pour faciliter la germination du cerfeuil tubéreux à semer au mois de mars prochain, stratifiez les graines. Mélangez-les à du sable humide et placez le tout dans un pot de fleurs enterré au pied d'un mur qui est orienté au nord. Grâce à la stratification, les graines auront déjà été confrontées au froid et à l'humidité : c'est une condition indispensable à une bonne germination. Vous sèmerez les graines avec le sable aux premiers beaux jours. ⚠ **Dimanche, ne jardinez plus après 12 h 25.**
Samedi 23 octobre	▼ NA à 13 h 47	20 h 08 / 11 h 13			
Dimanche 24 octobre	▼ A à 17 h 28	20 h 39 / 12 h 20			

Ne pas oublier : aérez la pelouse avec les dents d'une fourche ou un scarificateur.

Date	Notes :	Météo :
Lundi 18 octobre St Luc		Pluie : …… mm Cumul : …… mm °C mini : …… °C maxi : …… Pression : …… hPa Temps : ……
Mardi 19 octobre St René		Pluie : …… mm Cumul : …… mm °C mini : …… °C maxi : …… Pression : …… hPa Temps : ……
Mercredi 20 octobre Ste Adeline		Pluie : …… mm Cumul : …… mm °C mini : …… °C maxi : …… Pression : …… hPa Temps : ……
Jeudi 21 octobre Ste Céline		Pluie : …… mm Cumul : …… mm °C mini : …… °C maxi : …… Pression : …… hPa Temps : ……
Vendredi 22 octobre Ste Elodie		Pluie : …… mm Cumul : …… mm °C mini : …… °C maxi : …… Pression : …… hPa Temps : ……
Samedi 23 octobre St J. de Capistran		Pluie : …… mm Cumul : …… mm °C mini : …… °C maxi : …… Pression : …… hPa Temps : ……
Dimanche 24 octobre St Florentin		Pluie : …… mm Cumul : …… mm °C mini : …… °C maxi : …… Pression : …… hPa Temps : ……

« Si octobre est chaud, février sera froid. »

♈ Bélier ♉ Taureau ♊ Gémeaux ♋ Cancer ♌ Lion ♍ Vierge ♎ Balance ♏ Scorpion ♐ Sagittaire ♑ Capricorne ♒ Verseau ♓ Poissons

Date	Lune	Lever coucher	Jour	Zodiaque	Travaux au jardin
Lundi 25 octobre	lune montante	21 h 17 / 13 h 22		♉	Sous tunnel ou sous châssis, en terre bien affinée, semez des carottes demi-longues. Vous les récolterez en primeurs en avril ou mai prochains.
				23 h 57	
Mardi 26 octobre	lune montante / 18 h 05 lune descendante	22 h 04 / 14 h 19		♊	En lune montante, récoltez le safran. Il vous faudra environ une centaine de fleurs pour obtenir 1 g de safran. Vous opèrerez de préférence en matinée, tout juste après l'ouverture de la fleur. Cueillez les stigmates sans faire tomber la poudre qui les recouvre. Faites-les sécher dans un endroit aéré. En lune descendante, plantez les bulbes de printemps en enterrant les oignons sous deux à trois fois leur hauteur.
Mercredi 27 octobre	lune descendante	23 h 01 / 15 h 06			À l'approche des premières gelées, arrachez les bégonias, les dahlias, les cannas et les glaïeuls. Stockez les bulbes après les avoir laissé sécher à l'abri.
				6 h 07	
Jeudi 28 octobre	lune descendante; à 22 h 05	– / 15 h 45		♋	Dans le jardin d'aromatiques, protégez les touffes d'estragon en coupant le feuillage et en couvrant d'un léger paillis. Commencez à récolter les choux de Bruxelles situés dans le bas des tiges s'ils sont assez gros.
Vendredi 29 octobre	lune descendante	0 h 07 / 16 h 17			
				19 h 26	
Samedi 30 octobre	lune descendante	1 h 18 / 16 h 42		♌	Vous pouvez commencer la plantation des fruitiers dès maintenant pour une reprise optimale. Préparez les trous de plantation : à la terre extraite, mélangez du terreau ou du compost. Ameublissez le fond à la fourche-bêche. Incorporez éventuellement de la corne broyée. Si vous n'avez pas encore acheté vos fruitiers, rebouchez, car cela permettra à la terre de se tasser. Les trous de plantation doivent avoir une cinquantaine de centimètres aussi bien en largeur qu'en profondeur. Vous pouvez d'ores et déjà installer les tuteurs.
Dimanche 31 octobre	lune descendante	2 h 32 / 16 h 04			

Ne pas oublier : protégez les robinets extérieurs contre le gel.

Date	Notes :	Météo :
Lundi 25 octobre St Crépin		Pluie : ...... mm Cumul : ...... mm °C mini : .... °C maxi : .... Pression : .... hPa Temps : ....
Mardi 26 octobre St Dimitri		Pluie : ...... mm Cumul : ...... mm °C mini : .... °C maxi : .... Pression : .... hPa Temps : ....
Mercredi 27 octobre Ste Emeline		Pluie : ...... mm Cumul : ...... mm °C mini : .... °C maxi : .... Pression : .... hPa Temps : ....
Jeudi 28 octobre Sts Simon, Jude		Pluie : ...... mm Cumul : ...... mm °C mini : .... °C maxi : .... Pression : .... hPa Temps : ....
Vendredi 29 octobre St Narcisse		Pluie : ...... mm Cumul : ...... mm °C mini : .... °C maxi : .... Pression : .... hPa Temps : ....
Samedi 30 octobre St Bienvenu		Pluie : ...... mm Cumul : ...... mm °C mini : .... °C maxi : .... Pression : .... hPa Temps : ....
Dimanche 31 octobre St Quentin		Pluie : ...... mm Cumul : ...... mm °C mini : .... °C maxi : .... Pression : .... hPa Temps : ....

« Si, en octobre, souffle le vent, du froid il y aura longtemps. »

♈ Bélier ♉ Taureau ♊ Gémeaux ♋ Cancer ♌ Lion ♍ Vierge ♎ Balance ♏ Scorpion ♐ Sagittaire ♑ Capricorne ♒ Verseau ♓ Poissons

Date	Lune	Lever coucher	Jour	Zodiaque	Travaux au jardin
Lundi 1er novembre	▼ lune descendante	2 h 48 16 h 23		♍	Installez l'échalote grise qui préfère les terrains légers et sablonneux. Si votre sol est lourd, incorporez au moment du labour une généreuse quantité de sable. N'arrosez pas la culture, car vous risqueriez de faire pourrir le bulbe. Cultivée pour son goût prononcé, l'échalote grise se plante obligatoirement en automne. Une fois récoltée, elle ne se conserve pas au-delà du mois de décembre. Dans les régions qui bénéficient d'un climat doux, vous pouvez planter l'ail blanc ou violet. En sol à tendance humide, ces plantations demandent une planche surélevée. Arrachez les endives 'Witloof' à l'aide d'une fourche-bêche, en veillant à ne pas abîmer les racines. Laissez-les faner quelques jours sur le sol afin de provoquer l'arrêt de la végétation en les protégeant du gel et du soleil avec des feuilles mortes ou des fougères.
Mardi 2 novembre	▼	4 h 07 16 h 42			
Mercredi 3 novembre	▼	5 h 28 17 h 01			
Jeudi 4 novembre	▼ ● à 22 h 14	6 h 52 17 h 22		13 h 42 ♎	Vous pouvez encore diviser les touffes de fleurs vivaces et planter des bulbes. Bulbe par excellence : la tulipe ! N'hésitez pas à sélectionner diverses variétés en fonction des tailles, des couleurs et des floraisons.
Vendredi 5 novembre	▲ P à 23 h 17	8 h 20 17 h 48			**⚠ Vendredi, ne jardinez plus après 18 h 15.**
Samedi 6 novembre	▲ ND à 4 h 37	9 h 49 18 h 22		4 h 12 ♏	Procédez à la dernière tonte de votre gazon, sans le tondre à ras afin de l'aider à surmonter l'hiver. Vous pouvez laisser les déchets de tonte en place en utilisant le dispositif à mulch ou en croisant vos passages.
Dimanche 7 novembre	▲	11 h 14 19 h 07		20 h 34 ♐	

Ne pas oublier : un morceau de grillage attaché entre les dents d'un râteau facilitera le ramassage des feuilles mortes.

Date	Notes :	Météo :
Lundi 1er novembre Toussaint		Pluie : ...... mm Cumul : ...... mm °C mini : .... °C maxi : .... Pression : .... hPa Temps : ....
Mardi 2 novembre Défunts		Pluie : ...... mm Cumul : ...... mm °C mini : .... °C maxi : .... Pression : .... hPa Temps : ....
Mercredi 3 novembre St Hubert		Pluie : ...... mm Cumul : ...... mm °C mini : .... °C maxi : .... Pression : .... hPa Temps : ....
Jeudi 4 novembre St Charles		Pluie : ...... mm Cumul : ...... mm °C mini : .... °C maxi : .... Pression : .... hPa Temps : ....
Vendredi 5 novembre Ste Sylvie		Pluie : ...... mm Cumul : ...... mm °C mini : .... °C maxi : .... Pression : .... hPa Temps : ....
Samedi 6 novembre Ste Bertille		Pluie : ...... mm Cumul : ...... mm °C mini : .... °C maxi : .... Pression : .... hPa Temps : ....
Dimanche 7 novembre Ste Carine		Pluie : ...... mm Cumul : ...... mm °C mini : .... °C maxi : .... Pression : .... hPa Temps : ....

« Le cinq tu sauras quel mois tu auras. »

♈ Bélier ♉ Taureau ♊ Gémeaux ♋ Cancer ♌ Lion ♍ Vierge ♎ Balance ♏ Scorpion ♐ Sagittaire ♑ Capricorne ♒ Verseau ♓ Poissons

Date	Lune	Lever coucher	Jour	Zodiaque	Travaux au jardin
Lundi 8 novembre	l. d. 17 h 32	12 h 28 20 h 06		♐	En lune descendante et si ce n'est pas déjà fait, ouvrez les trous de plantation des fruitiers à installer en ce mois de novembre ou en décembre. En lune montante, récoltez les nèfles et les kakis dès qu'ils ont subi une gelée. Laissez-les finir de mûrir à la maison. Les kakis-pommes 'Fuyu' n'ont pas besoin de subir de gel pour être débarrassés de leur astringence, mais il faut impérativement les laisser mûrir.
Mardi 9 novembre	lune montante	13 h 27 21 h 16			
Mercredi 10 novembre	lune montante	14 h 10 22 h 33		2 h 25 ♑	Travaillez le sol de votre jardin potager en incorporant la fumure de fond. Incorporez aussi des amendements : du sable dans les sols très lourds, du calcaire dans les sols acides, de la tourbe dans les sols calcaires. Ameublissez en laissant le paillis en place jusqu'au printemps. Contre un mur bien exposé, installez une généreuse couche de compost inclinée afin de profiter au maximum du soleil. Recouvrez d'une vitre. Contrôlez tous les légumes stockés en silo.
Jeudi 11 novembre	◗ à 13 h 45	14 h 42 23 h 51			
Vendredi 12 novembre	lune montante	15 h 06 –		1 h 29 ♒	Dans les régions qui bénéficient d'un climat doux, taillez soigneusement les fleurs fanées des hortensias. Coupez au-dessus du premier bourgeon situé sous la fleur. Profitez-en pour supprimer une ou deux branches âgées. Toujours en climat doux, des semis d'annuelles rustiques (capucines, lavatères, soucis, ancolies, aconits, godetias…) sont encore possibles. À la maison, soignez les plantes à fleurs. Placez une couche de billes d'argile dans les soucoupes, versez entre 2 et 3 cm d'eau et posez les pots dessus. L'air sera humidifié sans risquer de faire pourrir les racines.
Samedi 13 novembre	lune montante	15 h 26 1 h 07			
Dimanche 14 novembre	lune montante	15 h 43 2 h 20		11 h 33 ♓	Récoltez les épinards, les chicorées, la mâche ainsi que les laitues pommées.

Ne pas oublier : emmaillotez vos agrumes et placez-les dans la véranda ou sous une terrasse abritée dans les régions les plus douces.

Date	Notes :	Météo :
Lundi 8 novembre St Geoffroy		Pluie : ...... mm Cumul : ...... mm °C mini : .... °C maxi : .... Pression : .... hPa Temps : ....
Mardi 9 novembre St Théodore		Pluie : ...... mm Cumul : ...... mm °C mini : .... °C maxi : .... Pression : .... hPa Temps : ....
Mercredi 10 novembre St Léon		Pluie : ...... mm Cumul : ...... mm °C mini : .... °C maxi : .... Pression : .... hPa Temps : ....
Jeudi 11 novembre Armistice 1918		Pluie : ...... mm Cumul : ...... mm °C mini : .... °C maxi : .... Pression : .... hPa Temps : ....
Vendredi 12 novembre St Christian		Pluie : ...... mm Cumul : ...... mm °C mini : .... °C maxi : .... Pression : .... hPa Temps : ....
Samedi 13 novembre St Brice		Pluie : ...... mm Cumul : ...... mm °C mini : .... °C maxi : .... Pression : .... hPa Temps : ....
Dimanche 14 novembre St Sidoine		Pluie : ...... mm Cumul : ...... mm °C mini : .... °C maxi : .... Pression : .... hPa Temps : ....

« À la Saint-Brice, le temps sera celui du Jour de l'An. »

♈ Bélier ♉ Taureau ♊ Gémeaux ♋ Cancer ♌ Lion ♍ Vierge ♎ Balance ♏ Scorpion ♐ Sagittaire ♑ Capricorne ♒ Verseau ♓ Poissons

Date	Lune	Lever coucher	Jour	Zodiaque	Travaux au jardin
Lundi 15 novembre	lune montante	15 h 58 / 3 h 30		♓	Enfouissez l'engrais vert (moutarde et phacélie). Broyez-le s'il n'a pas été suffisamment blanchi par le gel. Laissez le seigle en place : vous le faucherez vers la fin du mois de janvier ou au début du mois de février, en le laissant sur place pendant trois semaines avant de l'incorporer au sol. À la maison, au chaud, en pot ou en terrine, semez des pépins d'orange, de citron ou de kumquat pour obtenir des petites plantes vertes à l'allure exotique. Tentez des petits semis de pourpier, de mâche à petites feuilles, de cresson alénois dans un châssis bien protégé ou alors sous la véranda, en terrine.
Mardi 16 novembre	lune montante	16 h 14 / 4 h 38			
Mercredi 17 novembre	lune montante	16 h 30 / 5 h 46		11 h 38 ♈	Semez à la volée de l'engrais vert sur les parcelles inutilisées au cours de l'hiver prochain. Vous pouvez utiliser un mélange d'épinard et de moutarde, ou un mélange de seigle et de vesce. Tassez afin d'enterrer légèrement les graines. Vous couperez et enfouirez au printemps prochain.
Jeudi 18 novembre	lune montante	16 h 49 / 6 h 54			
Vendredi 19 novembre	○ à 9 h 57; NA à 18 h 58	17 h 12 / 8 h 02		2 h 25 ♉	**Vendredi, ne jardinez plus après 13 h 55.** Contrôlez les légumes que vous conservez dans des silos : les pommes de terre, les carottes, les betteraves, les navets, les panais. Éliminez impitoyablement ceux qui pourrissent avant qu'ils ne contaminent les autres. Déplantez les arbres que vous désirez déplacer. Mettez-les en jauge pour les replanter le mois prochain. Prélevez les drageons sur les chrysanthèmes. Replantez-les dans un pot : ils donneront une nouvelle plante. **Dimanche, ne jardinez pas avant 8 h 15.**
Samedi 20 novembre		17 h 39 / 9 h 10			
Dimanche 21 novembre	A à 3 h 12	18 h 15 / 10 h 14			

Ne pas oublier : même en hiver, les plantes vertes d'intérieur ont besoin d'eau et de lumière.

Date	Notes :	Météo :
Lundi 15 novembre St Albert		Pluie : ...... mm Cumul : ...... mm °C mini : .... °C maxi : .... Pression : .... hPa Temps : ....
Mardi 16 novembre Ste Marguerite		Pluie : ...... mm Cumul : ...... mm °C mini : .... °C maxi : .... Pression : .... hPa Temps : ....
Mercredi 17 novembre Ste Elisabeth		Pluie : ...... mm Cumul : ...... mm °C mini : .... °C maxi : .... Pression : .... hPa Temps : ....
Jeudi 18 novembre Ste Aude		Pluie : ...... mm Cumul : ...... mm °C mini : .... °C maxi : .... Pression : .... hPa Temps : ....
Vendredi 19 novembre St Tanguy		Pluie : ...... mm Cumul : ...... mm °C mini : .... °C maxi : .... Pression : .... hPa Temps : ....
Samedi 20 novembre St Edmond		Pluie : ...... mm Cumul : ...... mm °C mini : .... °C maxi : .... Pression : .... hPa Temps : ....
Dimanche 21 novembre Prés. de Marie		Pluie : ...... mm Cumul : ...... mm °C mini : .... °C maxi : .... Pression : .... hPa Temps : ....

« Brouillard en novembre, l'hiver sera tendre. »

♈ Bélier ♉ Taureau ♊ Gémeaux ♋ Cancer ♌ Lion ♍ Vierge ♎ Balance ♏ Scorpion ♐ Sagittaire ♑ Capricorne ♒ Verseau ♓ Poissons

Date	Lune	Lever / coucher	Jour	Zodiaque	Travaux au jardin
Lundi 22 novembre	lune m.	18 h 59 / 11 h 13	Fleurs	5 h 31 ♊	À la maison, pensez à soigner les plantes à fleurs. En lune descendante et après les premières gelées, arrachez les derniers bégonias, dahlias, cannas et glaïeuls. Stockez-les dans un endroit sec. Taillez les rosiers avant l'arrivée du froid. Buttez les jeunes rosiers au-dessus du point de greffe. Plantez des chrysanthèmes à fleurs simples, des pivoines et des hémérocalles. Déterrez les annuelles et jetez-les.
Mardi 23 novembre	23 h 45 lune descendante	19 h 52 / 12 h 04			
Mercredi 24 novembre	lune descendante	20 h 54 / 12 h 45	Feuilles	11 h 54 ♋	Plantez les grimpantes (lierre et vigne vierge) devant un support adéquat déjà existant (pergola, arche, clôture, treillage, grillage…). Plantez les arbustes d'ornement caducs. Installez des haies de troènes, de charmes, de hêtres ou d'éléagnus. Elles embelliront votre jardin tout en vous protégeant efficacement du vent et du regard indiscret des voisins.
Jeudi 25 novembre	lune descendante	22 h 02 / 13 h 19			
Vendredi 26 novembre	lune descendante	23 h 13 / 13 h 45	Fruits	1 h 49 ♌	Sauf en cas de gel, vous pouvez continuer à planter des fruitiers à racines nues ou vendus en conteneurs. Enrichissez la terre avec de la corne broyée et du compost. Veillez à ne pas enterrer le point de greffe : surélevez-le un peu par rapport au niveau du sol, car la terre va se tasser dans les mois à venir. Arrosez à raison d'un ou deux arrosoirs d'eau par arbre. Les racines des plants à racines nues seront de préférence pralinées avec de la terre argileuse. Installez un tuteur dès la plantation sans l'enfoncer trop près du tronc. Vous pouvez planter des arbres jusqu'en mars, mais le faire maintenant leur permet de s'enraciner en hiver et, donc, de mieux résister à la sécheresse de l'été suivant.
Samedi 27 novembre	◐ à 13 h 27	– / 14 h 08			
Dimanche 28 novembre	lune descendante	0 h 27 / 14 h 27	Racines	19 h 43 ♍	Vérifiez l'état des légumes que vous avez mis dans des silos.

Ne pas oublier : nettoyez le jardin de tout ce qui est mort, sec ou abîmé.

Date	Notes :	Météo :
Lundi 22 novembre Ste Cécile		Pluie : ...... mm Cumul : ...... mm °C mini : .... °C maxi : .... Pression : .... hPa Temps : ....
Mardi 23 novembre St Clément		Pluie : ...... mm Cumul : ...... mm °C mini : .... °C maxi : .... Pression : .... hPa Temps : ....
Mercredi 24 novembre Ste Flora		Pluie : ...... mm Cumul : ...... mm °C mini : .... °C maxi : .... Pression : .... hPa Temps : ....
Jeudi 25 novembre Ste Catherine		Pluie : ...... mm Cumul : ...... mm °C mini : .... °C maxi : .... Pression : .... hPa Temps : ....
Vendredi 26 novembre Ste Delphine		Pluie : ...... mm Cumul : ...... mm °C mini : .... °C maxi : .... Pression : .... hPa Temps : ....
Samedi 27 novembre St Séverin		Pluie : ...... mm Cumul : ...... mm °C mini : .... °C maxi : .... Pression : .... hPa Temps : ....
Dimanche 28 novembre St J. de la Marche		Pluie : ...... mm Cumul : ...... mm °C mini : .... °C maxi : .... Pression : .... hPa Temps : ....

« À la Sainte-Flora, plus rien ne fleurira. »

♈ Bélier ♉ Taureau ♊ Gémeaux ♋ Cancer ♌ Lion ♍ Vierge ♎ Balance ♏ Scorpion ♐ Sagittaire ♑ Capricorne ♒ Verseau ♓ Poissons

Date	Lune	Lever / coucher	Jour	Zodiaque	Travaux au jardin
Lundi 29 novembre	▼ lune descendante	1 h 42 / 14 h 45		♍	Période creuse au jardin ! Faites le plan de votre potager pour l'an prochain en tenant compte de la rotation des cultures et des bonnes associations de plantes. Définissez les planches destinées aux légumes racines qui ne poussent que dans un sol non fumé récemment, sans débris végétaux. Trois principes régissent la rotation des cultures. D'abord, classez les plantes potagères en fonction des organes qu'elles développent prioritairement (fruits, fleurs, feuilles ou racines). Ensuite, ne faites pas se succéder des plantes de la même famille botanique. Enfin, faites se succéder des cultures ayant des exigences de fumure différentes.
Mardi 30 novembre	▼	2 h 59 / 15 h 03			
Mercredi 1er décembre	▼	4 h 19 / 15 h 22			
Jeudi 2 décembre	▼	5 h 43 / 15 h 45		0 h 55 ♎	Rempotez les amaryllis qui ne vont pas tarder à redémarrer. Placez-les dans la maison en situation très lumineuse, mais pas trop chaude. Elles fleuriront d'ici 7 à 10 semaines environ.
Vendredi 3 décembre	▼ ND à 15 h 57	7 h 12 / 16 h 14		15 h 32 ♏	⚠ **Vendredi, ne jardinez plus après 10 h 55.** Plantez une vigne vierge devant un mur. Les couleurs de la vigne vierge ne sont pas son seul atout. Elle a aussi une remarquable capacité d'adaptation. Une fois installée, elle grimpe et prend de l'ampleur. En plus, elle est peu exigeante : seule une taille limitant son expansion est impérative.
Samedi 4 décembre	▼ ● à 8 h 42 ; P à 11 h 04	8 h 41 / 16 h 53			⚠ **Samedi, ne jardinez pas entre 6 h et 16 h 05.**
Dimanche 5 décembre	▲	10 h 03 / 17 h 46		7 h 10 ♐	Plantez des fruitiers en évitant d'enterrer le point de greffe. Arrosez généreusement, installez un tuteur au moment de la plantation sans l'enfoncer trop près du tronc.

Ne pas oublier : vérifiez que toutes les plantes craignant le froid sont bien protégées.

Date	Notes :	Météo :
Lundi 29 novembre St Saturnin		Pluie : ...... mm Cumul : .... mm °C mini : .... °C maxi : .... Pression : .... hPa Temps : ....
Mardi 30 novembre St André		Pluie : ...... mm Cumul : .... mm °C mini : .... °C maxi : .... Pression : .... hPa Temps : ....
Mercredi 1er décembre Ste Florence		Pluie : ...... mm Cumul : .... mm °C mini : .... °C maxi : .... Pression : .... hPa Temps : ....
Jeudi 2 décembre Ste Viviane		Pluie : ...... mm Cumul : .... mm °C mini : .... °C maxi : .... Pression : .... hPa Temps : ....
Vendredi 3 décembre S^t Fr.-Xavier		Pluie : ...... mm Cumul : .... mm °C mini : .... °C maxi : .... Pression : .... hPa Temps : ....
Samedi 4 décembre Ste Barbara		Pluie : ...... mm Cumul : .... mm °C mini : .... °C maxi : .... Pression : .... hPa Temps : ....
Dimanche 5 décembre St Gérald		Pluie : ...... mm Cumul : .... mm °C mini : .... °C maxi : .... Pression : .... hPa Temps : ....

« Décembre prend et ne rend. »

♈ Bélier ♉ Taureau ♊ Gémeaux ♋ Cancer ♌ Lion ♍ Vierge ♎ Balance ♏ Scorpion ♐ Sagittaire ♑ Capricorne ♒ Verseau ♓ Poissons

Date	Lune	Lever / coucher	Jour	Zodiaque	Travaux au jardin
Lundi 6 décembre	Lune montante (3 h 30)	11 h 13 / 18 h 54		♐	Stratifiez les pépins de pommes et de poires en les plaçant dans un pot rempli de sable. Enterrez au pied d'un mur exposé au nord. Vous obtiendrez ainsi des portes-greffes.
Mardi 7 décembre		12 h 05 / 20 h 12		11 h 14 ♑	Déplantez les arbres que vous désirez déplacer. Mettez-les en jauge pour les replanter le mois prochain. Prélevez les drageons sur les chrysanthèmes. Ces éclats de souche replantés dans un pot donneront un nouveau chrysanthème.
Mercredi 8 décembre		12 h 43 / 21 h 33			
Jeudi 9 décembre		13 h 10 / 22 h 53		8 h 41 ♒	À la maison, vous pouvez tenter des semis de bégonias et de pélargoniums. Ces derniers présentent l'avantage d'être très faciles à cultiver, et cela même s'ils ont tendance à craindre le froid. En outre, ils proposent une magnifique palette de couleurs ainsi qu'une large gamme de parfums. Concernant leur entretien, ils exigent un bon ensoleillement, un nettoyage régulier des feuilles et des fleurs fanées, un apport régulier d'engrais et un arrosage hebdomadaire. Ils peuvent être installés isolément dans des pots ou être plutôt regroupés avec d'autres plantes pour faire de belles jardinières.
Vendredi 10 décembre		13 h 32 / –			
Samedi 11 décembre	à 2 h 35	13 h 50 / 0 h 08		17 h 35 ♓	Au chaud, en terrine ou en pot, vous pouvez semer des pépins d'agrumes : oranges, citrons, kumquats…
Dimanche 12 décembre		14 h 06 / 1 h 20			

Ne pas oublier : ratissez les dernières feuilles mortes sur la pelouse.

Date	Notes :	Météo :
Lundi 6 décembre St Nicolas		Pluie : ...... mm Cumul : ...... mm °C mini : ...... °C maxi : ...... Pression : ...... hPa Temps : ......
Mardi 7 décembre St Ambroise		Pluie : ...... mm Cumul : ...... mm °C mini : ...... °C maxi : ...... Pression : ...... hPa Temps : ......
Mercredi 8 décembre Imm. Conception		Pluie : ...... mm Cumul : ...... mm °C mini : ...... °C maxi : ...... Pression : ...... hPa Temps : ......
Jeudi 9 décembre St Pierre Fourier		Pluie : ...... mm Cumul : ...... mm °C mini : ...... °C maxi : ...... Pression : ...... hPa Temps : ......
Vendredi 10 décembre St Romaric		Pluie : ...... mm Cumul : ...... mm °C mini : ...... °C maxi : ...... Pression : ...... hPa Temps : ......
Samedi 11 décembre St Daniel		Pluie : ...... mm Cumul : ...... mm °C mini : ...... °C maxi : ...... Pression : ...... hPa Temps : ......
Dimanche 12 décembre St J.-F. de Chantal		Pluie : ...... mm Cumul : ...... mm °C mini : ...... °C maxi : ...... Pression : ...... hPa Temps : ......

« Neige de décembre est engrais pour la terre. »

♈ Bélier ♉ Taureau ♊ Gémeaux ♋ Cancer ♌ Lion ♍ Vierge ♎ Balance ♏ Scorpion ♐ Sagittaire ♑ Capricorne ♒ Verseau ♓ Poissons

Date	Lune	Lever coucher	Jour	Zodiaque	Travaux au jardin
Lundi 13 décembre		14 h 21 2 h 29		♓	Dans un germoir, faites germer des pois chiches, des lentilles et du soja. Ces jeunes pousses vous apporteront non seulement de la saveur, mais aussi des minéraux et des vitamines.
Mardi 14 décembre		14 h 37 3 h 37		17 h 30 ♈	Stratifiez les pépins de pommes et de poires en les plaçant dans un pot rempli de sable. Enterrez au pied d'un mur exposé au nord. Vous obtiendrez ainsi des portes-greffes.
Mercredi 15 décembre		14 h 55 4 h 45			
Jeudi 16 décembre		15 h 16 5 h 53		8 h 32 ♉	Dégermez les pommes de terre. Profitez-en pour vérifier attentivement l'état de tous vos légumes mis en silos. Éliminez impitoyablement tous ceux qui sont abîmés et n'hésitez pas à renforcer les protections si cela s'avère nécessaire.
Vendredi 17 décembre	NA à 1 h 11	15 h 42 7 h 00			⚠ **Vendredi, ne jardinez pas avant 6 h 15.** Arrachez les légumes qui peuvent rester au jardin au fur et à mesure de vos besoins : les carottes, les panais, les rutabagas…
Samedi 18 décembre	A à 3 h 14	16 h 15 8 h 05			⚠ **Samedi, ne jardinez pas avant 8 h 15.** Si vous possédez un grand potager propre (c'est-à-dire exempt d'adventices vivaces telles que le liseron ou le chiendent), vous pouvez envisager la création d'une aspergeraie. Enrichissez la parcelle choisie de compost ou de fumier bien mûr avec des cendres de bois. Au moment de l'installation des griffes, vous enrichirez le fond des tranchées.
Dimanche 19 décembre	○ à 5 h 35	16 h 56 9 h 07		11 h 39 ♊	Sauf en cas de gel, plantez des rosiers à racines nues.

lune montante

Ne pas oublier : pensez à installer des nichoirs.

Date	Notes :	Météo :
Lundi 13 décembre Ste Lucie		Pluie : ...... mm Cumul : ...... mm °C mini : .... °C maxi : .... Pression : .... hPa Temps : ....
Mardi 14 décembre Ste Odile		Pluie : ...... mm Cumul : ...... mm °C mini : .... °C maxi : .... Pression : .... hPa Temps : ....
Mercredi 15 décembre Ste Ninon		Pluie : ...... mm Cumul : ...... mm °C mini : .... °C maxi : .... Pression : .... hPa Temps : ....
Jeudi 16 décembre Ste Alice		Pluie : ...... mm Cumul : ...... mm °C mini : .... °C maxi : .... Pression : .... hPa Temps : ....
Vendredi 17 décembre St Gaël		Pluie : ...... mm Cumul : ...... mm °C mini : .... °C maxi : .... Pression : .... hPa Temps : ....
Samedi 18 décembre St Gatien		Pluie : ...... mm Cumul : ...... mm °C mini : .... °C maxi : .... Pression : .... hPa Temps : ....
Dimanche 19 décembre St Urbain		Pluie : ...... mm Cumul : ...... mm °C mini : .... °C maxi : .... Pression : .... hPa Temps : ....

« Rosiers paillés au chaud, boutons bien plus beaux. »

♈ Bélier ♉ Taureau ♊ Gémeaux ♋ Cancer ♌ Lion ♍ Vierge ♎ Balance ♏ Scorpion ♐ Sagittaire ♑ Capricorne ♒ Verseau ♓ Poissons

Date	Lune	Lever coucher	Jour	Zodiaque	Travaux au jardin
Lundi 20 décembre	5 h 34 lune descendante	17 h 47 10 h 00		♊	Procédez à la « taille de Noël » des rosiers en coupant les tiges à une hauteur d'environ 50 cm. Vous pouvez aussi tailler les rosiers grimpants. Sauf en cas de gel, taillez les clématites à floraison estivale. Coupez une tige sur deux à 30 ou 40 cm du sol.
Mardi 21 décembre Solstice d'hiver		18 h 47 10 h 45		17 h 51 ♋	Par temps doux, élaguez les grands arbres caducs en veillant à respecter leur silhouette. Mastiquez les plaies et les coupes qui ont un diamètre supérieur à 5 cm. Utilisez une scie d'élagage (mais surtout pas de tronçonneuse !), ainsi qu'un bon couteau pour enlever les ébarbures. Pour supprimer une partie de branche, coupez juste au-dessus d'un œil ou d'une pousse latérale.
Mercredi 22 décembre		19 h 53 11 h 21			
Jeudi 23 décembre		21 h 03 11 h 49		7 h 50 ♌	Plantez des fruitiers en arrosant généreusement, même s'il pleut. Prévoyez une plantation légèrement surélevée afin de bien anticiper le tassement inévitable de la terre au fil des semaines et des mois. Le point de greffe ne doit jamais être enterré, car cela entraînerait le développement de gourmands du porte-greffe qui accapareraient la sève. Taillez les fruitiers de plein vent. Coupez les gourmands. Aérez la ramure en ôtant les branches âgées qui sont moins productives. Brossez les troncs afin de les débarrasser des mousses et des lichens. Apportez du compost à la périphérie de la ramure en forant des trous à la barre à mine.
Vendredi 24 décembre		22 h 14 12 h 13			
Samedi 25 décembre		23 h 27 12 h 32			
Dimanche 26 décembre		– 12 h 50		2 h 51 ♍	Dans les régions à climat doux, plantez de l'ail blanc et violet sur une parcelle non fumée récemment.

Ne pas oublier : il ne faut jamais enterrer la neige. Il ne faut donc jamais bêcher par temps de neige.

Date	Notes :	Météo :
Lundi 20 décembre St Théophile		Pluie : ...... mm Cumul : ...... mm °C mini : ...... °C maxi : ...... Pression : ...... hPa Temps : ......
Mardi 21 décembre Hiver		Pluie : ...... mm Cumul : ...... mm °C mini : ...... °C maxi : ...... Pression : ...... hPa Temps : ......
Mercredi 22 décembre S^te Fr.-Xavière		Pluie : ...... mm Cumul : ...... mm °C mini : ...... °C maxi : ...... Pression : ...... hPa Temps : ......
Jeudi 23 décembre St Armand		Pluie : ...... mm Cumul : ...... mm °C mini : ...... °C maxi : ...... Pression : ...... hPa Temps : ......
Vendredi 24 décembre Ste Adèle		Pluie : ...... mm Cumul : ...... mm °C mini : ...... °C maxi : ...... Pression : ...... hPa Temps : ......
Samedi 25 décembre Noël		Pluie : ...... mm Cumul : ...... mm °C mini : ...... °C maxi : ...... Pression : ...... hPa Temps : ......
Dimanche 26 décembre St Étienne		Pluie : ...... mm Cumul : ...... mm °C mini : ...... °C maxi : ...... Pression : ...... hPa Temps : ......

« Noël au balcon, Pâques au tison. »

♈ Bélier ♉ Taureau ♊ Gémeaux ♋ Cancer ♌ Lion ♍ Vierge ♎ Balance ♏ Scorpion ♐ Sagittaire ♑ Capricorne ♒ Verseau ♓ Poissons

Date	Lune	Lever coucher	Jour	Zodiaque	Travaux au jardin
Lundi 27 décembre	à 3 h 23 (lune descendante)	0 h 40 / 13 h 07		♍	Poursuivez le travail des sols lourds sans casser les mottes, car le gel s'en chargera lui-même. Au printemps, vous n'aurez alors plus qu'à affiner et à aplatir la terre. Un petit test pour savoir si votre sol est léger ou lourd : prélevez une poignée de terre et humectez-la légèrement d'eau. Malaxez-la ensuite entre les doigts en la roulant. Si la terre se désagrège facilement et procure une sensation de rugosité, le sol est léger. Mais si vous arrivez à confectionner une petite motte de terre ferme et malléable, cela signifie que votre sol est lourd.
Mardi 28 décembre		1 h 56 / 13 h 25			
Mercredi 29 décembre		3 h 15 / 13 h 45		10 h 46 ♎	Éclaircissez les choux-fleurs précédemment semés au chaud. Vous pourrez les repiquer au printemps. Trois semaines après la levée des graines de pois et fèves, ramenez la terre des entre-rangs contre les plants. Montez un monticule de terre d'environ 10 cm de chaque côté des rangs.
Jeudi 30 décembre		4 h 38 / 14 h 10			
Vendredi 31 décembre		6 h 05 / 14 h 42		0 h 11 ♏	Forcez les endives : arrachez les plants, laissez ressuyer à l'abri du gel et du soleil, coupez les racines à 20 cm du collet et les feuilles à 3 cm. Remplissez à moitié une caisse avec un mélange de terreau, de terre ou de tourbe. Disposez les racines en les enfonçant et en les serrant. Complétez le remplissage jusqu'au bord des collets, arrosez. Recouvrez d'un plastique noir et mettez en cave à une température de 15 à 18 °C. ⚠ **Samedi, ne jardinez pas après 18 h.**
Samedi 1er janvier	P à 23 h 55	7 h 31 / 15 h 27		18 h 41 ♐	Semez les fèves à une distance de 10 cm, en rangs espacés de 30 à 40 cm et à 5 cm de profondeur. Rebouchez et tassez. Binez quelques jours après la levée. La fève 'd'Aguadulce à très longue cosse' est une variété de premier ordre, très hâtive, avec un rendement important.
Dimanche 2 janvier	à 19 h 33 (14 h 34 l. m.)	8 h 48 / 16 h 26			

Ne pas oublier : aérez toutes les cultures protégées par des châssis, tunnels et voiles d'hivernage pour limiter la condensation propre au pourrissement.

Date	Notes :	Météo :
Lundi 27 décembre St Jean		Pluie : … mm Cumul : … mm °C mini : … °C maxi : … Pression : … hPa Temps : …
Mardi 28 décembre Sts Innocents		Pluie : … mm Cumul : … mm °C mini : … °C maxi : … Pression : … hPa Temps : …
Mercredi 29 décembre St David		Pluie : … mm Cumul : … mm °C mini : … °C maxi : … Pression : … hPa Temps : …
Jeudi 30 décembre St Roger		Pluie : … mm Cumul : … mm °C mini : … °C maxi : … Pression : … hPa Temps : …
Vendredi 31 décembre St Sylvestre		Pluie : … mm Cumul : … mm °C mini : … °C maxi : … Pression : … hPa Temps : …
Samedi 1er janvier Jour de l'An		Pluie : … mm Cumul : … mm °C mini : … °C maxi : … Pression : … hPa Temps : …
Dimanche 2 janvier Epiphanie		Pluie : … mm Cumul : … mm °C mini : … °C maxi : … Pression : … hPa Temps : …

« Brouillard en janvier, année ensoleillée. »

♈ Bélier ♉ Taureau ♊ Gémeaux ♋ Cancer ♌ Lion ♍ Vierge ♎ Balance ♏ Scorpion ♐ Sagittaire ♑ Capricorne ♒ Verseau ♓ Poissons

Date	Lune	Lever / coucher	Jour	Zodiaque	Travaux au jardin
Lundi 3 janvier	lune montante	9 h 50 / 17 h 41		♐	S'il ne gèle pas, vous pouvez prélever des greffons de fruitiers sur des rameaux vigoureux et sains, avec des yeux bien formés.
				22 h 13	
Mardi 4 janvier	lune montante	10 h 36 / 19 h 04		♑	Dans les régions bénéficiant d'un climat doux et sous châssis, vous pouvez semer des carottes mélangées à des radis. N'oubliez surtout pas d'aérer aussi souvent que possible et de maintenir le sol frais. Sous tunnel ou sous châssis, semez des oignons blancs espacés de 20 cm. Vous pourrez retirer leur protection dans environ un mois. Au chaud, semez des navets en sillons distants de 20 cm. Maintenez le sol frais et binez régulièrement.
Mercredi 5 janvier	lune montante	11 h 09 / 20 h 28			
				18 h 23	
				♒	Dans les régions au climat doux, vous pouvez commencer à récolter les choux-fleurs d'automne. Dans la famille des choux-fleurs, on distingue les variétés d'automne (variétés tardives et précoces), d'hiver, de printemps et d'été (semis d'automne et de printemps). En cultivant différentes variétés, il vous est possible de récolter des choux-fleurs quasiment tout au long de l'année. Semez des choux-fleurs 'Nautilus' ou 'Siria' en terrine et au chaud (à une température comprise entre 15 et 18 °C). Vous pouvez biner les fèves et les pois semés à l'automne dernier.
Jeudi 6 janvier	lune montante	11 h 34 / 21 h 48			
Vendredi 7 janvier	lune montante	11 h 54 / 23 h 04			
				1 h 30	
Samedi 8 janvier	lune montante	12 h 11 / –		♓	Paillez autour de vos poireaux, ce qui remplacera le buttage utile pour blanchir et permettra une récolte par tous les temps. Au chaud, semez des laitues pommées 'Appia' et 'Reine de mai' ainsi que des laitues à couper 'Red Salad Bowl' et 'Feuille de Chêne'. En échelonnant les semis, vous pourrez récolter des laitues toute l'année. Un seul impératif : utiliser des variétés parfaitement adaptées à chaque saison.
Dimanche 9 janvier	lune montante ; premier quartier à 19 h 11	12 h 27 / 0 h 17			

Ne pas oublier : si vous ne l'avez pas encore fait, c'est le moment de porter votre tondeuse et votre motoculteur chez un spécialiste pour révision et entretien.

Date	Notes :	Météo :
Lundi 3 janvier Ste Geneviève		Pluie : ...... mm Cumul : ...... mm °C mini : .... °C maxi : .... Pression : .... hPa Temps : ....
Mardi 4 janvier St Odilon		Pluie : ...... mm Cumul : ...... mm °C mini : .... °C maxi : .... Pression : .... hPa Temps : ....
Mercredi 5 janvier St Edouard		Pluie : ...... mm Cumul : ...... mm °C mini : .... °C maxi : .... Pression : .... hPa Temps : ....
Jeudi 6 janvier Ste Mélaine		Pluie : ...... mm Cumul : ...... mm °C mini : .... °C maxi : .... Pression : .... hPa Temps : ....
Vendredi 7 janvier St Raymond		Pluie : ...... mm Cumul : ...... mm °C mini : .... °C maxi : .... Pression : .... hPa Temps : ....
Samedi 8 janvier St Lucien		Pluie : ...... mm Cumul : ...... mm °C mini : .... °C maxi : .... Pression : .... hPa Temps : ....
Dimanche 9 janvier Ste Alix		Pluie : ...... mm Cumul : ...... mm °C mini : .... °C maxi : .... Pression : .... hPa Temps : ....

« Janvier pleurant, tout l'an gouttant. »

♈ Bélier ♉ Taureau ♊ Gémeaux ♋ Cancer ♌ Lion ♍ Vierge ♎ Balance ♏ Scorpion ♐ Sagittaire ♑ Capricorne ♒ Verseau ♓ Poissons

Date	Lune	Lever / coucher	Jour	Zodiaque	Travaux au jardin
Lundi 10 janvier	lune montante	12 h 43 / 1 h 26	feuille	♓	Préparez le plan de votre potager en n'oubliant pas de prévoir une bonne rotation des cultures.
				23 h 23	
Mardi 11 janvier	lune montante	13 h 00 / 2 h 34	fruit	♈	S'il ne gèle pas, vous pouvez prélever des greffons de fruitiers sur des rameaux vigoureux et sains, avec des yeux bien formés, longs de 30 cm environ et de la taille d'un crayon. Rassemblez-les en petits fagots et identifiez les variétés à l'aide de petites étiquettes soigneusement et clairement rédigées. Mettez-les en jauge, dans une exposition au nord, de préférence derrière un mur pour retarder le bourgeonnement.
Mercredi 12 janvier	lune montante	13 h 20 / 3 h 42			
				15 h 01	
Jeudi 13 janvier	NA à 5 h 18	13 h 44 / 4 h 50	racine	♉	En climat doux et sous châssis, tentez un semis de carottes à forcer. Aérez et maintenez le sol frais. Pour marquer le rang de carottes et pouvoir sarcler entre les lignes avant la levée, semez en parallèle (à 3 ou 4 cm de distance) une ligne de radis. Ceux-ci étant plus rapides à lever que les carottes, vous aurez ainsi un repère efficace et savoureux. Les semis de carottes doivent être éclaircis rapidement : une première fois à 5 cm et une seconde fois à 8 ou 10 cm. ⚠ **Jeudi, ne jardinez pas avant 10 h 20.** ⚠ **Vendredi, ne jardinez pas avant 15 h 30.** Sous châssis ou sous tunnel, semez des oignons blancs à une distance de 20 cm. Ils feront des petits oignons à confire au mois de mars prochain. Au chaud, semez des navets en sillons distants d'environ 20 cm. Maintenez le sol frais et binez régulièrement.
Vendredi 14 janvier	A à 10 h 25	14 h 15 / 5 h 56			
Samedi 15 janvier	lune montante	14 h 53 / 6 h 59			
				18 h 08	
Dimanche 16 janvier	lune montante jusqu'à 11 h 18, puis l. d.	15 h 41 / 7 h 55	fleur	♊	En lune descendante, binez et désherbez les bandes florales qui se trouvent en bordure du potager. Toujours en lune descendante, éclaircissez les choux-fleurs qui ont été précédemment semés au chaud. Vous pourrez les repiquer au printemps prochain.

Ne pas oublier : mettez les sentiers en ordre en coupant la végétation et en les couvrant d'écorces ou de broyat de branches frais.

Date	Notes :	Météo :
Lundi 10 janvier St Guillaume		Pluie : ...... mm Cumul : ...... mm °C mini : .... °C maxi : .... Pression : .... hPa Temps : ....
Mardi 11 janvier Ste Pauline		Pluie : ...... mm Cumul : ...... mm °C mini : .... °C maxi : .... Pression : .... hPa Temps : ....
Mercredi 12 janvier Ste Tatiana		Pluie : ...... mm Cumul : ...... mm °C mini : .... °C maxi : .... Pression : .... hPa Temps : ....
Jeudi 13 janvier Ste Yvette		Pluie : ...... mm Cumul : ...... mm °C mini : .... °C maxi : .... Pression : .... hPa Temps : ....
Vendredi 14 janvier Ste Nina		Pluie : ...... mm Cumul : ...... mm °C mini : .... °C maxi : .... Pression : .... hPa Temps : ....
Samedi 15 janvier St Rémi		Pluie : ...... mm Cumul : ...... mm °C mini : .... °C maxi : .... Pression : .... hPa Temps : ....
Dimanche 16 janvier St Marcel		Pluie : ...... mm Cumul : ...... mm °C mini : .... °C maxi : .... Pression : .... hPa Temps : ....

« Chaleurs de janvier, ruine de l'été. »

♈ Bélier ♉ Taureau ♊ Gémeaux ♋ Cancer ♌ Lion ♍ Vierge ♎ Balance ♏ Scorpion ♐ Sagittaire ♑ Capricorne ♒ Verseau ♓ Poissons

Date	Lune	Lever coucher	Jour	Zodiaque	Travaux au jardin
Lundi 17 janvier	lune descendante	16 h 38 8 h 43		♊	Vous pouvez biner les pois et les fèves semés au cours de l'automne dernier. Montez un monticule de terre d'environ 10 cm de chaque côté des rangs. Utilisez de préférence une houe, une serfouette ou un butoir.
Mardi 18 janvier	Pleine lune à 0 h 48	17 h 44 9 h 22		0 h 05 ♋	Lorsque le sol est gelé, l'arrachage est impossible. Pour éviter ce problème, étalez une couche de paille ou de feuilles mortes d'environ 10 cm d'épaisseur avant les fortes gelées. Le paillage empêche également la prolifération des mauvaises herbes. Les végétaux employés en paillis contribuent aussi à fertiliser naturellement le sol.
Mercredi 19 janvier		18 h 53 9 h 53		13 h 45 ♌	Protégez une partie de vos fraisiers par un tunnel afin de hâter leur récolte. Installez les petits fruits (groseilliers, framboisiers, cassissiers…) en enterrant leur base pour un meilleur enracinement. Rebouchez, tassez et arrosez. Plantez les arbres fruitiers à racines nues : creusez les trous, mélangez du compost et de la corne broyée à la terre extraite du trou de plantation, installez le jeune arbre, placez à côté de son tronc un tuteur et rebouchez le trou de plantation en laissant les points de greffe hors de terre. Dans le Midi, vous pouvez commencer à semer des tomates sous abri chauffé. Elles pourront être plantées dans le potager vers la fin du mois d'avril.
Jeudi 20 janvier		20 h 05 10 h 17			
Vendredi 21 janvier		21 h 18 10 h 38			
Samedi 22 janvier		22 h 30 10 h 56		8 h 34 ♍	Dans les régions bénéficiant d'un climat doux, plantez l'ail blanc 'Messidrôme' ou 'Thermidrôme', l'ail rose 'Fructidor', l'ail violet 'Germidour' sur une parcelle non fumée récemment et en sol léger bien drainé. Séparez les caïeux et conservez les plus beaux du pourtour. Placez-les dans des sillons distants d'une vingtaine de centimètres, tous les 10 à 12 cm, pointe vers le dessus. Enterrez légèrement et évitez d'arroser. La récolte est prévue courant juillet.
Dimanche 23 janvier		23 h 44 11 h 13			

Ne pas oublier : l'élimination des mauvaises herbes est plus efficace lorsqu'elle est réalisée dans les jours qui suivent directement la pleine lune.

Date	Notes :	Météo :
Lundi 17 janvier Ste Roseline		Pluie : ...... mm Cumul : ...... mm °C mini : .... °C maxi : .... Pression : .... hPa Temps : ....
Mardi 18 janvier Ste Prisca		Pluie : ...... mm Cumul : ...... mm °C mini : .... °C maxi : .... Pression : .... hPa Temps : ....
Mercredi 19 janvier St Marius		Pluie : ...... mm Cumul : ...... mm °C mini : .... °C maxi : .... Pression : .... hPa Temps : ....
Jeudi 20 janvier St Sébastien		Pluie : ...... mm Cumul : ...... mm °C mini : .... °C maxi : .... Pression : .... hPa Temps : ....
Vendredi 21 janvier Ste Agnès		Pluie : ...... mm Cumul : ...... mm °C mini : .... °C maxi : .... Pression : .... hPa Temps : ....
Samedi 22 janvier St Vincent		Pluie : ...... mm Cumul : ...... mm °C mini : .... °C maxi : .... Pression : .... hPa Temps : ....
Dimanche 23 janvier St Barnard		Pluie : ...... mm Cumul : ...... mm °C mini : .... °C maxi : .... Pression : .... hPa Temps : ....

« Mois de janvier sans gelée, pas de bonne année. »

♈ Bélier ♉ Taureau ♊ Gémeaux ♋ Cancer ♌ Lion ♍ Vierge ♎ Balance ♏ Scorpion ♐ Sagittaire ♑ Capricorne ♒ Verseau ♓ Poissons

Date	Lune	Lever / coucher	Jour	Zodiaque	Travaux au jardin
Lundi 24 janvier	Lune descendante	– / 11 h 30		♍	Installez les échalotes longues 'Longor', 'Mikor' et 'Jermor' en veillant à les espacer d'environ 15 cm. Vous procèderez à leur récolte dans le courant du mois de juillet. D'une manière générale, l'échalote apprécie une terre fertile, meuble et correctement drainée. Craignant l'humidité, son bulbe doit être planté sur un billon (une longue butte).
Mardi 25 janvier	◐ à 14 h 40	0 h 58 / 11 h 48		17 h 59 ♎	
Mercredi 26 janvier		2 h 19 / 12 h 10		♎	Toujours au chaud, repiquez les choux-fleurs semés précédemment. Pour le repiquage, comptez six semaines après le semis, lorsque les plants arborent quatre ou cinq feuilles. Humidifiez les plants juste avant de les repiquer, jusqu'à la première feuille afin de favoriser un bon enracinement. Les choux n'apprécient guère les terres acides, mais préfèrent les terres riches et humifères.
Jeudi 27 janvier	ND à 7 h 14	3 h 42 / 12 h 38		9 h 50 ♏	**Jeudi, ne jardinez pas avant 12 h 15.**
Vendredi 28 janvier		5 h 05 / 13 h 15		♏	Sous châssis, repiquez les laitues qui ont été précédemment semées au chaud. Ce repiquage s'effectue environ un mois après le semis, lorsque les laitues arborent quatre ou cinq feuilles. L'objectif premier du repiquage est de donner plus d'espace aux plantules de manière à ce qu'elles ne se touchent plus. Arrachez les poireaux et les choux. Préparez le sol de la future aspergeraie.
Samedi 29 janvier		6 h 24 / 14 h 06		4 h 39 ♐	Au chaud, semez en terrine des tomates 'Green Zebra', 'Cœur de Bœuf', 'Saint-Pierre' et 'Pyros'. Répartissez bien les graines, couvrez légèrement, tassez et arrosez en fine pluie. Placez les semis au chaud, à une température de 18 à 20 °C. Une mini-serre dont vous maintiendrez l'intérieur toujours humide est conseillée.
Dimanche 30 janvier	Lune mont. (0h22) ; P à 8 h 10	7 h 32 / 15 h 12		♐	**Dimanche, ne jardinez pas avant 13 h 15.**

Ne pas oublier : si vous aimez les oiseaux, il est temps d'installer des nichoirs.

Date	Notes :	Météo :
Lundi 24 janvier S^t Fr. de Sales		Pluie : ...... mm Cumul : ...... mm °C mini : .... °C maxi : .... Pression : .... hPa Temps : ....
Mardi 25 janvier Conv. St Paul		Pluie : ...... mm Cumul : ...... mm °C mini : .... °C maxi : .... Pression : .... hPa Temps : ....
Mercredi 26 janvier Ste Paule		Pluie : ...... mm Cumul : ...... mm °C mini : .... °C maxi : .... Pression : .... hPa Temps : ....
Jeudi 27 janvier Ste Angèle		Pluie : ...... mm Cumul : ...... mm °C mini : .... °C maxi : .... Pression : .... hPa Temps : ....
Vendredi 28 janvier St Thomas d'Aquin		Pluie : ...... mm Cumul : ...... mm °C mini : .... °C maxi : .... Pression : .... hPa Temps : ....
Samedi 29 janvier St Gildas		Pluie : ...... mm Cumul : ...... mm °C mini : .... °C maxi : .... Pression : .... hPa Temps : ....
Dimanche 30 janvier Ste Martine		Pluie : ...... mm Cumul : ...... mm °C mini : .... °C maxi : .... Pression : .... hPa Temps : ....

« Janvier de givre, année de fruits. »

♈ Bélier ♉ Taureau ♊ Gémeaux ♋ Cancer ♌ Lion ♍ Vierge ♎ Balance ♏ Scorpion ♐ Sagittaire ♑ Capricorne ♒ Verseau ♓ Poissons

Date	Lune	Lever / coucher	Zodiaque
Lundi 31 janvier	▼	8 h 25 / 16 h 31	♐ – 9 h 11 – ♑
Mardi 1er février	▼ ● à 6 h 45	9 h 04 / 17 h 56	♑
Mercredi 2 février	▲	9 h 33 / 19 h 19	– 5 h 16 – ♒
Jeudi 3 février	▲	9 h 55 / 20 h 40	♒
Vendredi 4 février	▲	10 h 14 / 21 h 56	– 11 h 19 – ♓
Samedi 5 février	▲	10 h 31 / 23 h 09	♓
Dimanche 6 février	▲	10 h 47 / –	♓

lune montante

Travaux au jardin

♐
- Semez les pois ronds 'Petit provençal', 'd'Annonay' et 'Très hâtif' ainsi que les mange-tout 'Normand'.

– 9 h 11 – ♑
- Sauf en terre lourde, vous pouvez semer des oignons de couleur. Ils seront de taille modeste, mais de meilleure conservation. Semez maintenant des 'Rouge de Florence' ou des 'Jaune des Cévennes' pour une récolte estivale.
- Sous châssis à 15 °C, semez des navets 'Jaune boule d'or'. Aérez souvent et maintenez le sol frais. La récolte est prévue en avril et mai.
- En climat doux et sous châssis, effectuez un semis de carottes à forcer. Aérez et maintenez le sol frais.

– 5 h 16 – ♒
- Binez et désherbez les bandes florales installées en bordure du potager.
- En terrine au chaud, tentez un semis de choux-fleurs pour un repiquage au mois de mars. Choisissez des variétés d'automne 'Nautilus' ou 'Siria', les plus résistantes au froid, pour une récolte estivale. Traditionnellement, le chou-fleur est blanc, mais il en existe aussi des verts, des jaunes et des violets. Ces couleurs sont naturelles et dues respectivement à la chlorophylle, au carotène et aux anthocyanes.
- En pépinière abritée, semez des brocolis. Vous les éclaircirez dans un mois tous les 10 cm.

– 11 h 19 – ♓
- Au chaud, semez des laitues pommées 'Reine de mai' et 'Appia' ainsi que des laitues à couper 'Red Salad Bowl' et 'Feuille de Chêne'. En échelonnant les semis, vous pourrez récolter des laitues toute l'année. Un seul impératif : utiliser des variétés parfaitement adaptées à chaque saison.
- Sous châssis, semez des poireaux 'Electra' et 'Gros Long d'Été'. Opérez en lignes espacées d'environ 15 cm. Vous récolterez ces poireaux en juin et en juillet.
- Semez également de la ciboulette en rangs espacés d'une quinzaine de centimètres. Tassez bien la terre après le semis et n'oubliez pas un arrosage régulier. Très parfumée, la ciboulette agrémentera vos salades et vos sauces.

Ne pas oublier : installez des nichoirs bien avant leur éventuelle occupation, avec le trou d'accès orienté à l'est.

Date	Notes :	Météo :
Lundi 31 janvier Ste Marcelle		Pluie : ...... mm Cumul : ...... mm °C mini : .... °C maxi : .... Pression : .... hPa Temps : ....
Mardi 1er février Ste Ella		Pluie : ...... mm Cumul : ...... mm °C mini : .... °C maxi : .... Pression : .... hPa Temps : ....
Mercredi 2 février Présentation		Pluie : ...... mm Cumul : ...... mm °C mini : .... °C maxi : .... Pression : .... hPa Temps : ....
Jeudi 3 février St Blaise		Pluie : ...... mm Cumul : ...... mm °C mini : .... °C maxi : .... Pression : .... hPa Temps : ....
Vendredi 4 février Ste Véronique		Pluie : ...... mm Cumul : ...... mm °C mini : .... °C maxi : .... Pression : .... hPa Temps : ....
Samedi 5 février Ste Agathe		Pluie : ...... mm Cumul : ...... mm °C mini : .... °C maxi : .... Pression : .... hPa Temps : ....
Dimanche 6 février St Gaston		Pluie : ...... mm Cumul : ...... mm °C mini : .... °C maxi : .... Pression : .... hPa Temps : ....

« Février, le plus court des mois, est de tous le pire à la fois. »

♈ Bélier ♉ Taureau ♊ Gémeaux ♋ Cancer ♌ Lion ♍ Vierge ♎ Balance ♏ Scorpion ♐ Sagittaire ♑ Capricorne ♒ Verseau ♓ Poissons

Date	Lune	Lever / coucher	Zodiaque
Lundi 7 février	lune montante	11 h 04 / 0 h 20	6 h 13 ♈
Mardi 8 février	◐ à 14 h 50	11 h 23 / 1 h 29	22 h 33 ♉
Mercredi 9 février	NA à 7 h 11	11 h 45 / 2 h 38	
Jeudi 10 février		12 h 13 / 3 h 45	
Vendredi 11 février	A à 3 h 37	12 h 48 / 4 h 50	
Samedi 12 février	17 h 45 lune des.	13 h 33 / 5 h 48	1 h 25 ♊
Dimanche 13 février	lune descendante	14 h 27 / 6 h 39	

Travaux au jardin

- Semez les pois ronds 'Petit Provençal', 'Nain Très Hâtif', 'Serpette Améliorée', ainsi que les mange-tout 'Corne de Bélier', 'Bamby', 'Carouby de Maussane'.
- Au chaud, dans des caissettes remplies d'un mélange léger, semez des poivrons, des piments et des aubergines. Couvrez légèrement les graines, tassez, arrosez et posez une vitre que vous retournerez chaque jour afin d'éviter toute condensation.

⚠ Mercredi, ne jardinez pas avant 12 h 15.

- Sous abri, semez des carottes grelots à éclaircir au début du mois de mars.
- Sous châssis bien exposé, semez le céleri-rave. Il faut que le terreau reste constamment humide : pour cela, couvrez de plusieurs feuilles de journal préalablement mouillées. Le céleri germera dans une à trois semaines.
- Sous abri, semez des navets 'à Forcer nantais', 'Jaune boule d'or' ou 'Milan rouge'.

⚠ Vendredi, ne jardinez pas avant 8 h 45.

- En pleine terre, semez des radis 'National', 'Pernot' ou 'Flamboyant'. N'oubliez pas de bien les protéger. N'installez jamais les radis à proximité des choux, car ces deux légumes ont besoin des mêmes nutriments.

- Après les grands froids, retirez les protections des artichauts. Si une nouvelle vague de froid survenait, vous pourrez les repailler. Vous pouvez aussi commencer à les œilletonner. Pour procéder à l'œilletonnage, dégagez tout d'abord un peu de terre tout autour de la souche afin de repérer les plus beaux œilletons. À l'aide d'un outil tranchant, détachez le rejet du pied mère en effectuant une coupe franche et nette.
- Vous pouvez biner les pois et les fèves semés à l'automne dernier.

Ne pas oublier : n'oubliez pas de nourrir les oiseaux, en évitant toutefois de leur donner des miettes salées.

Date	Notes :	Météo :
Lundi 7 février Ste Eugénie		Pluie : ...... mm Cumul : ...... mm °C mini : .... °C maxi : .... Pression : .... hPa Temps : ....
Mardi 8 février Ste Jacqueline		Pluie : ...... mm Cumul : ...... mm °C mini : .... °C maxi : .... Pression : .... hPa Temps : ....
Mercredi 9 février Ste Apolline		Pluie : ...... mm Cumul : ...... mm °C mini : .... °C maxi : .... Pression : .... hPa Temps : ....
Jeudi 10 février St Arnaud		Pluie : ...... mm Cumul : ...... mm °C mini : .... °C maxi : .... Pression : .... hPa Temps : ....
Vendredi 11 février N.-D. de Lourdes		Pluie : ...... mm Cumul : ...... mm °C mini : .... °C maxi : .... Pression : .... hPa Temps : ....
Samedi 12 février St Félix		Pluie : ...... mm Cumul : ...... mm °C mini : .... °C maxi : .... Pression : .... hPa Temps : ....
Dimanche 13 février Ste Béatrice		Pluie : ...... mm Cumul : ...... mm °C mini : .... °C maxi : .... Pression : .... hPa Temps : ....

« Février trop doux, printemps en courroux. »

♈ Bélier ♉ Taureau ♊ Gémeaux ♋ Cancer ♌ Lion ♍ Vierge ♎ Balance ♏ Scorpion ♐ Sagittaire ♑ Capricorne ♒ Verseau ♓ Poissons

Date	Lune	Lever coucher	Jour	Zodiaque	Travaux au jardin
Lundi 14 février	▲ lune descendante	15 h 31 / 7 h 21		7 h 19 ♋	• Pour protéger vos plants des limaces, entourez-les de sciure de bois ou de cendres. • Repiquez les batavias, les laitues et les choux cabus précédemment semés sous un tunnel ou dans un châssis. N'oubliez pas d'effectuer une bonne aération, aussi souvent que possible, à la mi-journée. • Divisez les souches de rhubarbe.
Mardi 15 février	▲ lune descendante	16 h 40 / 7 h 55		20 h 45 ♌	
Mercredi 16 février	▲ ○ à 17 h 56 lune descendante	17 h 52 / 8 h 21			• Enlevez, avec une brosse, les mousses et les lichens du tronc des arbres fruitiers. • Pulvérisez de la bouillie bordelaise. Lors d'une journée sans pluie, quand les bourgeons commencent à gonfler, vaporisez-la sur le tronc, les charpentes, les jeunes branches et les pousses. • S'il ne gèle pas, taillez les fruitiers palissés, les cordons et les petites formes libres à trois yeux pour favoriser la fructification. Vous pouvez intervenir sur les poiriers, les pommiers, les abricotiers et les pêchers. • Taillez les buissons de petits fruits et la vigne. • Faites des boutures avec les coupes des groseilliers et des cassissiers.
Jeudi 17 février	▼ lune descendante	19 h 06 / 8 h 43			
Vendredi 18 février	▼ lune descendante	20 h 20 / 9 h 02		14 h 43 ♍	• Plantez l'ail rose 'Cledor', 'Printanor' et 'Flavor' en conservant les gousses du tour des têtes. Rebouchez les sillons en recouvrant peu les caïeux. • Plantez l'oignon blanc, de préférence sur des billons (petites buttes) qui permettent un bon drainage en cas d'humidité. En dehors du Midi, ne choisissez que des variétés rustiques telles que 'Hâtif de Paris' et 'Très Hâtif de Vaugirard'. • En sol non fumé récemment, plantez les échalotes 'Longor', 'Jermor' et 'Mikor'. Espacez les sillons de 20 à 30 cm et les caïeux d'environ 15 cm. Enterrez peu les pointes et n'arrosez pas. Binez et désherbez jusqu'au moment de la récolte prévue au mois de juillet.
Samedi 19 février	▼ lune descendante	21 h 35 / 9 h 19			
Dimanche 20 février	▼ lune descendante	22 h 51 / 9 h 36			

Ne pas oublier : favorisez la rotation des cultures, car en alternant les différentes familles de légumes, vous éviterez d'épuiser le sol.

Date	Notes :	Météo :
Lundi 14 février St Valentin		Pluie : ...... mm Cumul : ...... mm °C mini : .... °C maxi : .... Pression : .... hPa Temps : ....
Mardi 15 février St Claude		Pluie : ...... mm Cumul : ...... mm °C mini : .... °C maxi : .... Pression : .... hPa Temps : ....
Mercredi 16 février Ste Julienne		Pluie : ...... mm Cumul : ...... mm °C mini : .... °C maxi : .... Pression : .... hPa Temps : ....
Jeudi 17 février St Alexis		Pluie : ...... mm Cumul : ...... mm °C mini : .... °C maxi : .... Pression : .... hPa Temps : ....
Vendredi 18 février Ste Bernadette		Pluie : ...... mm Cumul : ...... mm °C mini : .... °C maxi : .... Pression : .... hPa Temps : ....
Samedi 19 février St Gabin		Pluie : ...... mm Cumul : ...... mm °C mini : .... °C maxi : .... Pression : .... hPa Temps : ....
Dimanche 20 février Ste Aimée		Pluie : ...... mm Cumul : ...... mm °C mini : .... °C maxi : .... Pression : .... hPa Temps : ....

« Quand la bise oublie février, elle arrive en mai. »

♈ Bélier ♉ Taureau ♊ Gémeaux ♋ Cancer ♌ Lion ♍ Vierge ♎ Balance ♏ Scorpion ♐ Sagittaire ♑ Capricorne ♒ Verseau ♓ Poissons

Date	Lune	Lever coucher	Jour	Zodiaque	Travaux au jardin
Lundi 21 février	lune descendante	– / 9 h 54		♍ (jusqu'à 23 h 33)	Si vous avez semé de l'engrais vert (épinard, moutarde, phacélie, seigle…), enfouissez-le. Le principe de l'engrais vert est d'enrichir et d'améliorer le sol en y apportant des plantes poussées sur place.
Mardi 22 février	lune descendante	0 h 07 / 10 h 14		♎ (23 h 33 – 14 h 19)	Vérifiez le paillis au pied des artichauts. Renouvelez-le s'il pourrit, car il faut absolument préserver les artichauts de l'humidité stagnante. Commencez à œilletonner les artichauts. Dégagez un peu de terre tout autour de la souche afin de repérer les plus beaux œilletons. À l'aide d'un outil tranchant, détachez le rejet du pied mère en effectuant une coupe franche et nette. **⚠ Mercredi, ne jardinez pas avant 13 h.**
Mercredi 23 février	ND à 7 h 54 ◐ à 23 h 32 lune descendante	1 h 29 / 10 h 39		♏ (à partir de 14 h 19)	Repiquez les laitues, les batavias et les choux cabus précédemment semés sous châssis ou sous tunnel. Attention aux limaces : entourez vos plants d'une petite rigole remplie de cendre ou de sciure de bois. Divisez les souches de vos rhubarbes. Par temps doux, aérez les cultures sous abri (épinards, laitue, mâche…).
Jeudi 24 février	lune descendante	2 h 51 / 11 h 12		♏	
Vendredi 25 février	lune descendante	4 h 10 / 11 h 56		♐ (à partir de 11 h 48)	En lune descendante, faites des boutures avec les coupes de groseilliers et de cassissiers. En lune montante, au chaud et dans des caissettes remplies d'un mélange léger, semez des aubergines, des poivrons ainsi que des piments. Couvrez d'une vitre et retournez ce couvercle chaque jour afin d'éliminer toute condensation. **⚠ Samedi, ne jardinez pas après 18 h 20.** En serre, au chaud à 18 - 20 °C, semez des tomates en terrines. Répartissez bien les graines, couvrez légèrement les semis, tassez et arrosez en fine pluie. Choisissez des variétés originales ou de mi-saison.
Samedi 26 février	lune descendante jusqu'à 7h32, puis lune montante P à 23 h 25	5 h 20 / 12 h 55		♐	
Dimanche 27 février	lune montante	6 h 17 / 14 h 07		♐ (jusqu'à 18 h 00)	

Ne pas oublier : couvrez vos caissettes de semis extérieurs d'un filet à larges mailles afin d'empêcher les oiseaux de se régaler.

Date	Notes :	Météo :
Lundi 21 février St P. Damien		Pluie : ...... mm Cumul : ...... mm °C mini : .... °C maxi : .... Pression : .... hPa Temps : ....
Mardi 22 février Ste Isabelle		Pluie : ...... mm Cumul : ...... mm °C mini : .... °C maxi : .... Pression : .... hPa Temps : ....
Mercredi 23 février St Lazare		Pluie : ...... mm Cumul : ...... mm °C mini : .... °C maxi : .... Pression : .... hPa Temps : ....
Jeudi 24 février St Modeste		Pluie : ...... mm Cumul : ...... mm °C mini : .... °C maxi : .... Pression : .... hPa Temps : ....
Vendredi 25 février St Roméo		Pluie : ...... mm Cumul : ...... mm °C mini : .... °C maxi : .... Pression : .... hPa Temps : ....
Samedi 26 février St Nestor		Pluie : ...... mm Cumul : ...... mm °C mini : .... °C maxi : .... Pression : .... hPa Temps : ....
Dimanche 27 février Ste Honorine		Pluie : ...... mm Cumul : ...... mm °C mini : .... °C maxi : .... Pression : .... hPa Temps : ....

« Quand février pleure, avril rit. »

♈ Bélier ♉ Taureau ♊ Gémeaux ♋ Cancer ♌ Lion ♍ Vierge ♎ Balance ♏ Scorpion ♐ Sagittaire ♑ Capricorne ♒ Verseau ♓ Poissons

Date	Lune	Lever / coucher	Jour	Zodiaque	Travaux au jardin
Lundi 28 février	▼	7 h 00 / 15 h 28		♑	Semez des oignons de couleur 'Paille des Vertus', 'Rouge de Florence', 'Jaune des Cévennes' ou 'Espagnol' en rangs larges espacés de 30 à 40 cm, à 1 ou 2 cm de profondeur. Vous éclaircirez ensuite les oignons tous les 15 à 20 cm. La récolte est prévue dans le courant de l'été.
Mardi 1er mars	▼	7 h 32 / 16 h 51		15 h 05 ♒	Sous châssis ou tunnel abrité, semez des choux-fleurs en choisissant une variété d'été. Cette culture réussit bien dans les régions qui bénéficient d'un climat frais. Si vous laissez les rayons du soleil atteindre les choux-fleurs, ils vont jaunir. Certes, ils ne deviennent pas mauvais, mais ils perdent leur belle couleur caractéristique. Pour conserver leur blancheur, cassez les feuilles les plus proches du cœur.
Mercredi 2 mars	▼ à 18 h 34	7 h 57 / 18 h 13			
Jeudi 3 mars	▲ lune montante	8 h 16 / 19 h 31		21 h 23 ♓	En pépinière ou en place, protégé par un voile d'hivernage, vous pouvez essayer un premier semis de salades. Semez des laitues à couper, des laitues pommées, des romaines et des batavias. Semez également des pissenlits. Une fois blanchis, ils agrémenteront les salades d'automne et d'hiver. Maintenez humide jusqu'à la levée. Semez encore de la ciboulette en rangs espacés d'une quinzaine de centimètres. Tassez bien la terre après le semis et n'oubliez pas un arrosage régulier. Très parfumée, la ciboulette agrémentera vos salades et vos sauces.
Vendredi 4 mars	▲	8 h 34 / 20 h 46			
Samedi 5 mars	▲	8 h 50 / 21 h 59			
Dimanche 6 mars	▲	9 h 07 / 23 h 11		14 h 12 ♈	Semez les fèves 'de Séville à longue cosse' en lignes distantes de 30 à 40 cm. Binez quelques jours après la levée.

Ne pas oublier : le repiquage permet d'offrir plus d'espace aux végétaux, de renforcer les jeunes pousses et de développer les radicelles.

Date	Notes :	Météo :
Lundi 28 février St Remain		Pluie : …… mm Cumul : …… mm °C mini : …… °C maxi : …… Pression : …… hPa Temps : ……
Mardi 1er mars Mardi gras		Pluie : …… mm Cumul : …… mm °C mini : …… °C maxi : …… Pression : …… hPa Temps : ……
Mercredi 2 mars Cendres		Pluie : …… mm Cumul : …… mm °C mini : …… °C maxi : …… Pression : …… hPa Temps : ……
Jeudi 3 mars St Guénolé		Pluie : …… mm Cumul : …… mm °C mini : …… °C maxi : …… Pression : …… hPa Temps : ……
Vendredi 4 mars St Casimir		Pluie : …… mm Cumul : …… mm °C mini : …… °C maxi : …… Pression : …… hPa Temps : ……
Samedi 5 mars Ste Olive		Pluie : …… mm Cumul : …… mm °C mini : …… °C maxi : …… Pression : …… hPa Temps : ……
Dimanche 6 mars Ste Colette		Pluie : …… mm Cumul : …… mm °C mini : …… °C maxi : …… Pression : …… hPa Temps : ……

« Février neigeux, été venteux. »

Calendrier 2022

Janvier

1	S	Jour de l'An	
2	D	Épiphanie	
3	L	Geneviève	1
4	M	Odilon	
5	M	Édouard	
6	J	Mélaine	
7	V	Raymond	
8	S	Lucien	
9	D	Alix	
10	L	Guillaume	2
11	M	Pauline	
12	M	Tatiana	
13	J	Yvette	
14	V	Nina	
15	S	Rémi	
16	D	Marcel	
17	L	Roseline	3
18	M	Prisca	
19	M	Marius	
20	J	Sébastien	
21	V	Agnès	
22	S	Vincent	
23	D	Barnard	
24	L	Fr. de Sales	4
25	M	Conv. St Paul	
26	M	Paule	
27	J	Angèle	
28	V	Th. d'Aquin	
29	S	Gildas	
30	D	Martine	
31	L	Marcelle	5

Février

1	M	Ella	
2	M	Présentation	
3	J	Blaise	
4	V	Véronique	
5	S	Agathe	
6	D	Gaston	
7	L	Eugénie	6
8	M	Jacqueline	
9	M	Apolline	
10	J	Arnaud	
11	V	N.-D. de Lourd.	
12	S	Félix	
13	D	Béatrice	
14	L	Valentin	7
15	M	Claude	
16	M	Julienne	
17	J	Alexis	
18	V	Bernadette	
19	S	Gabin	
20	D	Aimée	
21	L	Pierre-Damien	8
22	M	Isabelle	
23	M	Lazare	
24	J	Modeste	
25	V	Roméo	
26	S	Nestor	
27	D	Honorine	
28	L	Romain	9

Mars

1	M	Mardi gras	
2	M	Cendres	
3	J	Guénolé	
4	V	Casimir	
5	S	Olive	
6	D	Colette	
7	L	Félicité	10
8	M	Jean de Dieu	
9	M	Françoise	
10	J	Vivien	
11	V	Rosine	
12	S	Justine	
13	D	Rodrigue	
14	L	Mathilde	11
15	M	Louise	
16	M	Bénédicte	
17	J	Patrice	
18	V	Cyrille	
19	S	Joseph	
20	D	PRINTEMPS	
21	L	Clémence	12
22	M	Léa	
23	M	Victorien	
24	J	Cath. de Suède	
25	V	Annonciation	
26	S	Larissa	
27	D	Habib	
28	L	Gontran	13
29	M	Gwladys	
30	M	Amédée	
31	J	Benjamin	

Avril

1	V	Hugues	
2	S	Sandrine	
3	D	Richard	
4	L	Isidore	14
5	M	Irène	
6	M	Marcellin	
7	J	J.-B. de la S.	
8	V	Julie	
9	S	Gautier	
10	D	Rameaux	
11	L	Stanislas	15
12	M	Jules	
13	M	Ida	
14	J	Maxime	
15	V	Vendredi saint	
16	S	Benoît-Joseph	
17	D	Pâques	
18	L	L. de Pâques	16
19	M	Emma	
20	M	Odette	
21	J	Anselme	
22	V	Alexandre	
23	S	Georges	
24	D	Fidèle	
25	L	Marc	17
26	M	Alida	
27	M	Zita	
28	J	Valérie	
29	V	Cath. de Sien.	
30	S	Robert	

Mai

1	D	Fête du Travail	
2	L	Boris	18
3	M	Phil., Jacq.	
4	M	Sylvain	
5	J	Judith	
6	V	Prudence	
7	S	Gisèle	
8	D	Victoire 1945	
9	L	Pacôme	19
10	M	Solange	
11	M	Estelle	
12	J	Achille	
13	V	Rolande	
14	S	Matthias	
15	D	Denise	
16	L	Honoré	20
17	M	Pascal	
18	M	Éric	
19	J	Yves	
20	V	Bernardin	
21	S	Constantin	
22	D	Émile	
23	L	Didier	21
24	M	Donatien	
25	M	Sophie	
26	J	Ascension	
27	V	Augustin	
28	S	Germain	
29	D	Fête des Mères	
30	L	Ferdinand	22
31	M	Visitation	

Juin

1	M	Justin	
2	J	Blandine	
3	V	Kévin	
4	S	Clotilde	
5	D	Pentecôte	
6	L	L. de Pent.	
7	M	Gilbert	23
8	M	Médard	
9	J	Diane	
10	V	Landry	
11	S	Barnabé	
12	D	Guy	
13	L	Antoine de P.	24
14	M	Élisée	
15	M	Germaine	
16	J	J.-F. Régis	
17	V	Hervé	
18	S	Léonce	
19	D	Fête des Pères	
20	L	Silvère	25
21	M	ÉTÉ	
22	M	Alban	
23	J	Audrey	
24	V	Jean-Baptiste	
25	S	Prosper	
26	D	Anthelme	
27	L	Fernand	26
28	M	Irénée	
29	M	Pierre, Paul	
30	J	Martial	

Juillet

1	V	Thierry	
2	S	Martinien	
3	D	Thomas	
4	L	Florent	27
5	M	Antoine	
6	M	Mariette	
7	J	Raoul	
8	V	Thibault	
9	S	Amandine	
10	D	Ulrich	
11	L	Benoît	28
12	M	Olivier	
13	M	Henri, Joël	
14	J	Fête nationale	
15	V	Donald	
16	S	N.-D. Mt-Carmel	
17	D	Charlotte	
18	L	Frédéric	29
19	M	Arsène	
20	M	Marina	
21	J	Victor	
22	V	Marie-Madeleine	
23	S	Brigitte	
24	D	Christine	
25	L	Jacques	30
26	M	Anne, Joachim	
27	M	Nathalie	
28	J	Samson	
29	V	Marthe	
30	S	Juliette	
31	D	I. de Loyola	

Août

1	L	Alphonse	31
2	M	Julien-Eymard	
3	M	Lydie	
4	J	J.-M. Vianney	
5	V	Abel	
6	S	Transfiguration	
7	D	Gaétan	
8	L	Dominique	32
9	M	Amour	
10	M	Laurent	
11	J	Claire	
12	V	Clarisse	
13	S	Hippolyte	
14	D	Évrard	
15	L	Assomption	33
16	M	Armel	
17	M	Hyacinthe	
18	J	Hélène	
19	V	Jean-Eudes	
20	S	Bernard	
21	D	Christophe	
22	L	Fabrice	34
23	M	Rose de Lima	
24	M	Barthélemy	
25	J	Louis	
26	V	Natacha	
27	S	Monique	
28	D	Augustin	
29	L	Sabine	35
30	M	Fiacre	
31	M	Aristide	

Septembre

1	J	Gilles	
2	V	Ingrid	
3	S	Grégoire	
4	D	Rosalie	
5	L	Raïssa	36
6	M	Bertrand	
7	M	Reine	
8	J	Adrien	
9	V	Alain	
10	S	Inès	
11	D	Adelphe	
12	L	Apollinaire	37
13	M	Aimé	
14	M	Materne	
15	J	Roland	
16	V	Édith	
17	S	Renaud	
18	D	Nadège	
19	L	Émilie	38
20	M	Davy	
21	M	Matthieu	
22	J	Maurice	
23	V	AUTOMNE	
24	S	Thècle	
25	D	Hermann	
26	L	Côme, Damien	39
27	M	Vincent de P.	
28	M	Venceslas	
29	J	Michel	
30	V	Jérôme	

Octobre

1	S	Thér. de l'Enf.	
2	D	Léger	
3	L	Gérard	40
4	M	Fr. d'Assise	
5	M	Fleur	
6	J	Bruno	
7	V	Serge	
8	S	Pélagie	
9	D	Denis	
10	L	Ghislain	41
11	M	Firmin	
12	M	Wilfried	
13	J	Géraud	
14	V	Juste	
15	S	Thér. d'Avila	
16	D	Edwige	
17	L	Baudouin	42
18	M	Luc	
19	M	René	
20	J	Adeline	
21	V	Céline	
22	S	Élodie	
23	D	Jean de Capistran	
24	L	Florentin	43
25	M	Crépin	
26	M	Dimitri	
27	J	Émeline	
28	V	Simon, Jude	
29	S	Narcisse	
30	D	Bienvenu	
31	L	Quentin	44

Novembre

1	M	Toussaint	
2	M	Défunts	
3	J	Hubert	
4	V	Charles	
5	S	Sylvie	
6	D	Bertille	
7	L	Carine	45
8	M	Geoffroy	
9	M	Théodore	
10	J	Léon	
11	V	Armistice 1918	
12	S	Christian	
13	D	Brice	
14	L	Sidoine	46
15	M	Albert	
16	M	Marguerite	
17	J	Élisabeth	
18	V	Aude	
19	S	Tanguy	
20	D	Edmond	
21	L	Prés. Marie	47
22	M	Cécile	
23	M	Clément	
24	J	Flora	
25	V	Catherine	
26	S	Delphine	
27	D	Séverin	
28	L	Jacq. de la M.	48
29	M	Saturnin	
30	M	André	

Décembre

1	J	Florence	
2	V	Viviane	
3	S	Fr.-Xavier	
4	D	Barbara	
5	L	Gérald	49
6	M	Nicolas	
7	M	Ambroise	
8	J	Im. Concep.	
9	V	Pierre Fourier	
10	S	Romaric	
11	D	Daniel	
12	L	J.-F. de Chantal	50
13	M	Lucie	
14	M	Odile	
15	J	Ninon	
16	V	Alice	
17	S	Gaël	
18	D	Gatien	
19	L	Urbain	51
20	M	Théophile	
21	M	HIVER	
22	J	Fr.-Xavière	
23	V	Armand	
24	S	Adèle	
25	D	Noël	
26	L	Étienne	52
27	M	Jean	
28	M	Innocents	
29	J	David	
30	V	Roger	
31	S	Sylvestre	